JN326059

石碑でめぐる金沢歴史散歩

三田良信 監修

はじめに

平成七年(一九九五)に金沢市観光課より『卯辰山碑林《ひりん》マップ』が発行されて、卯辰山界隈に樹てられた顕彰碑・功労碑・歌碑・句碑・書碑など六十四基が紹介された。老生は幸いにも卯辰山界隈に生まれ育ち、子供の頃から、これ等の碑に馴れ親しんでおり、散策の都度、目ぼしい碑文を書き留めてきた。これに基づき北國新聞文化センターや公民館の要請を受けて数回に亘《わた》り卯辰山碑文めぐりを実施してきた。

金沢には卯辰山を始め、兼六園、野田山、尾山神社等々各所に石碑が存在しており、これ等の石碑は年月を経るに随い、風化損傷が進んで、既に判読し難い状態になりつつあるのもかなりある。老生はこのまま見過ごすに忍びず、この度、これ等石碑の記録を纏《まと》めて後世に伝えたく思い、本書を発行することとした。本書の碑文の採録、訓読文、訳文、大意は三田が担当した。

平成九年一月より北國新聞社が「北陸いしぶみ紀行」の連載を開始されるに当たり、要請を受けて「石碑めぐりの楽しみ」と題する一文を寄せたが、この度、本書を発行するに際して、その老生の意図する所をご理解頂くに適当な文と思うので、敢《あ》えてここに再録することにした。

「石碑めぐりの楽しみ」（一九九七年一月十二日付）

二年前（平成七年）金沢市観光課から『卯辰山碑林マップ』が発行された。中国の「西安碑林」に倣《なら》ったものだろうが、いささか憚《はばか》られる呼称ではある。しかし、時の流れとともにいつしか忘れ去られてしまうこれらの碑に光を当てて、紹介の労をとってくださった方々に衷心《ちゅうしん》より感謝を申し上げたい。これに採り上げられた碑は全部で六十四基にすぎないが、卯辰山界隈にはまだ数多くの碑があり、取捨選択も含め、後日の再検討に期待したい。

北國新聞では新春から金沢に限定せず、広く北陸の碑をとりあげ紹介する企画を開始した。碑に関心を持つ者としては有り難いことだ。一人でも多くの方が、これらの碑を通し先人たちの思想や事績の一端に触れ、その碑の語りかけることに耳を傾けていただきたいと願うものである。

私は中国語と漢字教育に携わっている関係で、碑文の中でも大正期以前の漢文で綴られたものに特に関心を寄せている。卯辰山の招魂社跡に明治三年秋に建てられた、勝海舟の撰文、福田鳴鵞書丹（石に朱丹で書くこと）になる「安達幸之助碑」がある。この碑文は、時の兵部《ひょうぶ》大輔《たいふ》大村益次郎を京都の宿に訪ねた折、たまたま大村暗殺の巻き添えで刺客の刃に仆《たお》れた安達を悼《いた》んで綴られたものであるが、残念なことに風化と損傷が激しくて、折角の名文名筆を鑑賞できない状態になっている。しかし、幸いに碑文だけは、平澤一氏が著された『卯辰山と浅野川』によって知ることができた。平澤氏はこの著書の中で「碑」について次のように記しておられる。

「碑は伝えるべき功績や後世への恩恵のあることが前提条件である。これを不朽に伝えるのは文であり、文は書かれねばならない。碑に撰文の人と書者の名を記す所以《ゆえん》である。撰文者と書者に人を得ても、石質が悪ければ、やがて文字は読めなくなる。石質を選ぶ理由である。その上、刻工のノミが冴えなければならない。刻技が拙《つたな》いと碑は精彩を欠いてしまう。また碑を建てるには場所を選ばねばならない…」と。

この文は期せずして碑文を鑑賞するポイントを私たちに教えてくれている。つまり、第一に碑文を綴ったのは誰か、という点。撰文者に人を得ておれば自ずと碑文は格調の高いものとなる。次に碑文の字を書いたのは誰か、という点。書者に人を得なければ名文も死文と化す。ほとんどの場合、当代で評判の高い書家が選ばれる。特に「篆額《てんがく》」のある場合は篆書をよくする者が書く。刻工は誰か、も重要だ。いかに書丹が優れていても、字を刻む技工が拙ければ筆勢が殺《そ》がれてしまう。第四に石質の良否、石質が悪ければ数十年を経ずして風化してしまう。「安達幸之助碑」や「北越戦争の碑」がこの例である。最後に、碑建立の場所が適切かどうか。『碑林マップ』には載っていないが、卯辰山天満宮の前に「退筆塚記」という篆額のある筆塚がある。碑文も中々に味があるが、その中に「景雲台神霊下而築塚立石且也。欲使学書者蒙菅公神霊之冥助矣」（景雲台のお社の下に筆塚を築いたのは、書を学ぶ者に菅原道真公のご加護あらんことを願ったのだ）とあって、まさに筆塚を立てる場所としては最適だ。ここにはもう一基筆塚がある。

以上、卯辰山の碑を見ての所感を述べた。卯辰山の四季折々の風景を飾る点景として、これらの碑を大切に保存してほしい。

三田　良信

「聖徳太子霊像出土之處碑」の前に立つ三田氏（金沢市俵原町）

目次

〔資料編〕

《凡例》
・石碑地図に示した石碑の番号は、本文の石碑番号に対応しています。
・本文中の碑文の解説では、主に常用漢字や現代仮名遣いを採用しました。
・資料編における碑文の原文では、なるべく碑に刻まれた漢字と同じ字を掲載していますが、石碑に稀な異体字が刻まれている場合は、それに近い字体を使いました。

石碑でめぐる
金沢歴史散歩

至
卯辰山
相撲場
横空台
月見台
望湖台
玉兎ヶ丘
卯辰山公園
卯辰山工芸工房
覚林寺
善妙寺
卯辰山天満宮
豊国神社
愛宕神社
招魂社跡
卯辰山公園線
花菖蒲園
山野草園
東山蓮如堂
観音院
宝泉寺
静明寺
浅野川
天神橋
宇多須神社
ひがし茶屋街
徳田秋聲記念館
梅ノ橋
至大手町

卯辰山の石碑地図

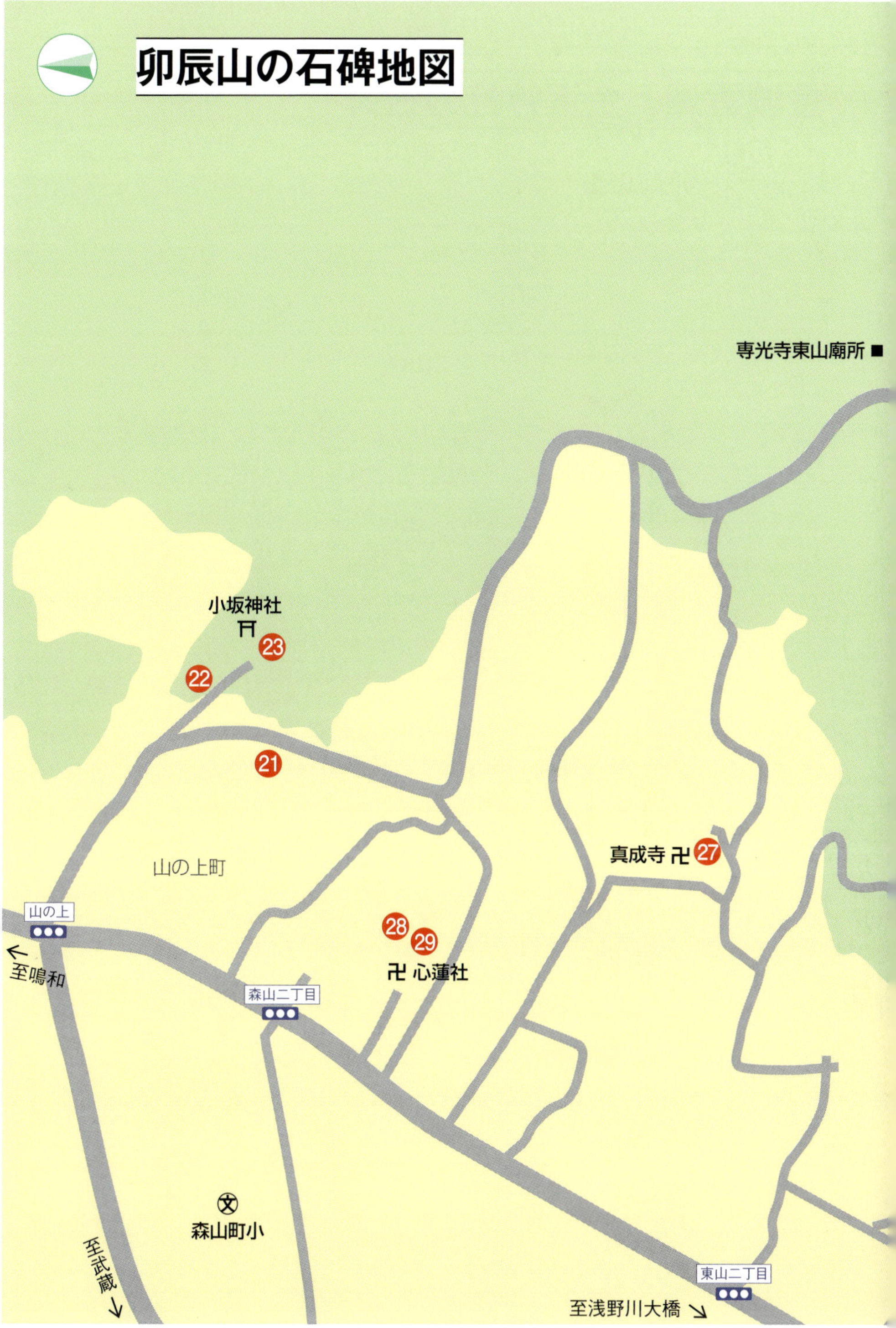

専光寺東山廟所
小坂神社
23
22
21
山の上町
真成寺
27
山の上
至鳴和
28
29
心蓮社
森山二丁目
森山町小
至武蔵
東山二丁目
至浅野川大橋

金城霊澤、金沢神社の石碑

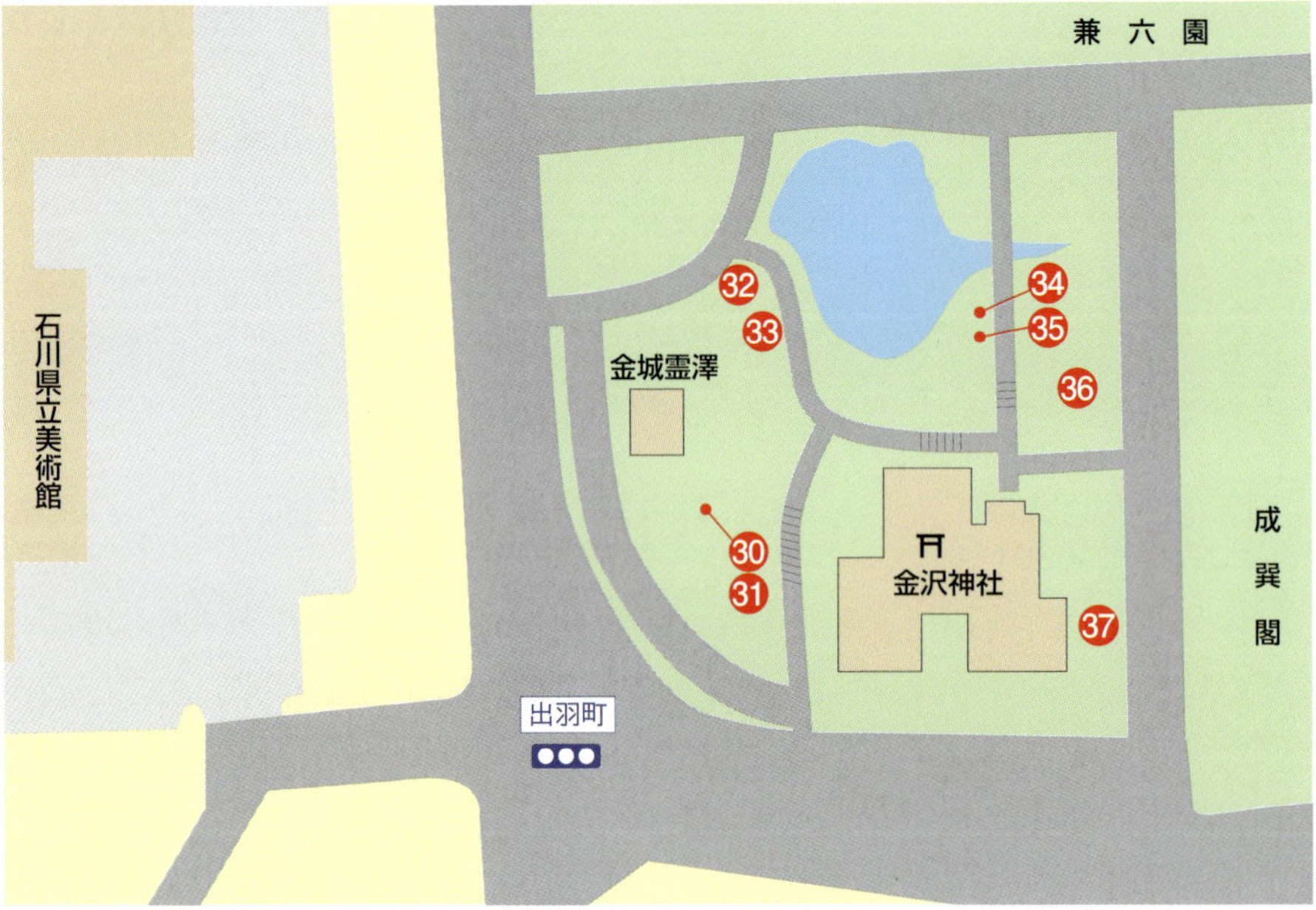

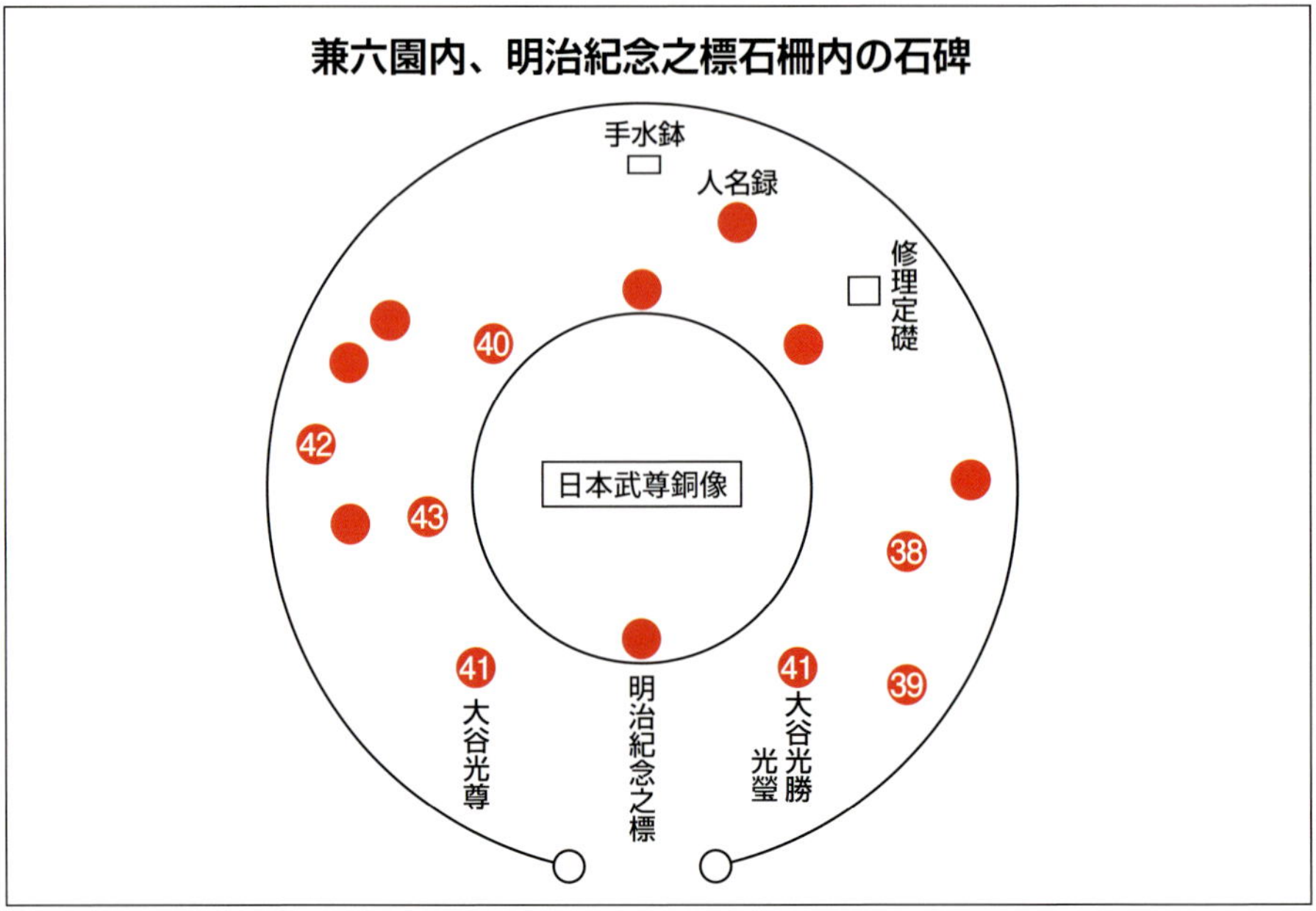

金沢市街地の石碑地図

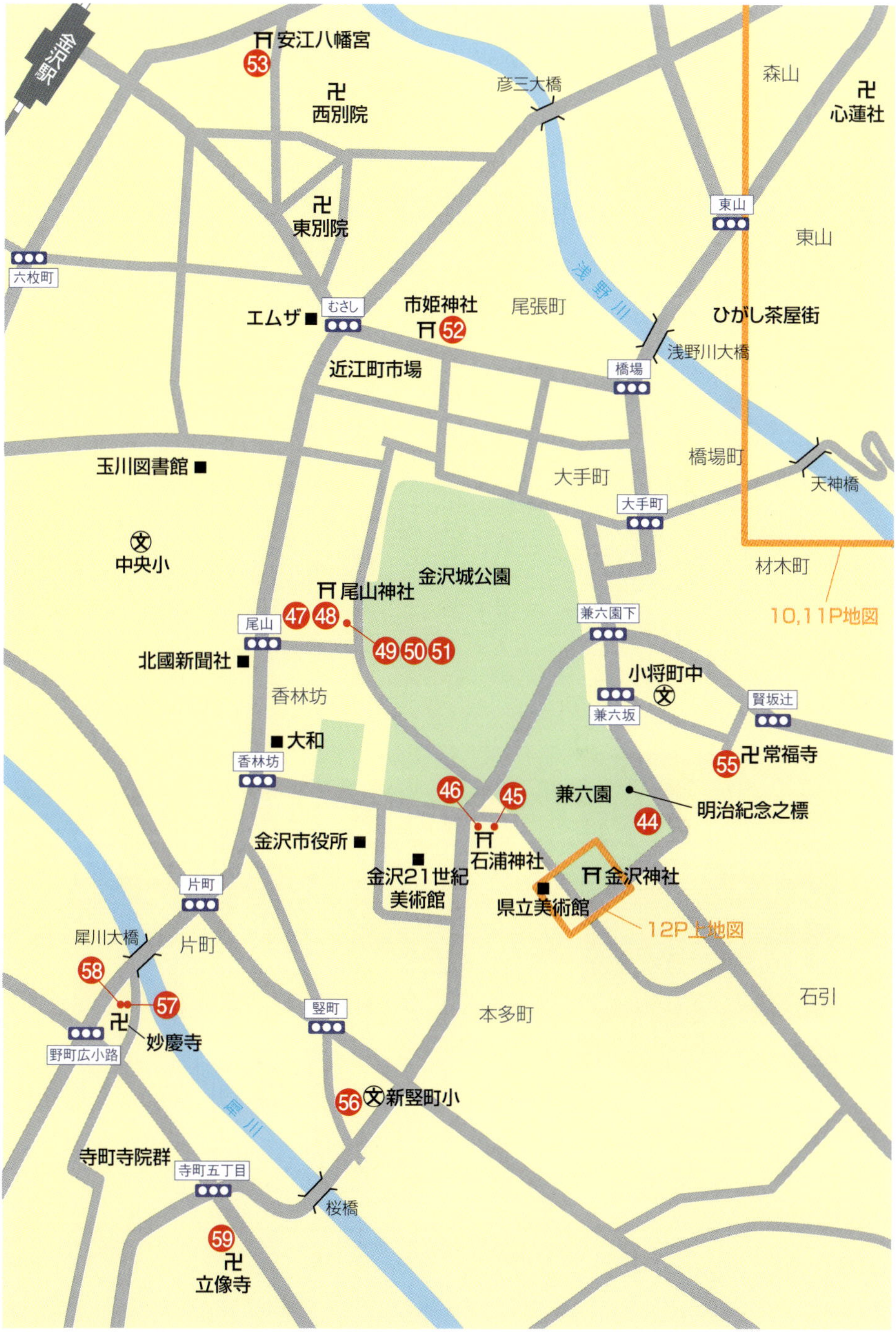
金沢駅
安江八幡宮
53
西別院
東別院
彦三大橋
森山
心蓮社
東山
東山
六枚町
浅野川
むさし
エムザ
市姫神社
52
尾張町
ひがし茶屋街
浅野川大橋
近江町市場
橋場
橋場町
天神橋
玉川図書館
大手町
大手町
中央小
金沢城公園
材木町
10,11P地図
尾山神社
47
48
尾山
49
50
51
兼六園下
北國新聞社
小将町中
香林坊
兼六坂
賢坂辻
大和
常福寺
55
香林坊
46
45
兼六園
明治紀念之標
44
金沢市役所
石浦神社
金沢21世紀
美術館
金沢神社
県立美術館
12P上地図
片町
犀川大橋
片町
58
57
石引
妙慶寺
竪町
本多町
野町広小路
犀川
56
新竪町小
寺町寺院群
寺町五丁目
桜橋
59
立像寺

① 徳田秋声《とくだしゅうせい》墓碑

（材木町の静明寺　◎地図10ページ）

自然主義文学の代表作家

材木町の静明《じょうみょう》寺《じ》境内、門を入り本堂に向かって左手に墓碑が立つ。

徳田秋声（一八七一〜一九四三）は金沢市横山町に生まれた。徳田家は下級士族で、維新後、家運は傾き、秋声は幼いころから世の悲哀を目の当たりにした。明治二十七年（一八九四）尾崎紅葉の門に入り、明治・大正の代表的作家となった。生涯六百編以上となる作品は、多くが自身や身の回りの出来事に素材をとり、女弟子との恋愛を描いた『仮装人物』は私小説の極北とされる。

墓碑は昭和五十七年（一九八二）秋声の骨を分骨して建立した。井上靖の揮毫《きごう》で「徳田秋声墓碑」と刻まれている。墓碑に向かって左手の白い土塀に同じく井上靖の筆による副碑がはめられている。

副碑には

「徳田秋声先生は明治四年十二月二十三日、金沢市横山町に生る。明治十二年、養成小学校（現金沢市立馬場小学校）に入学。明治二十四年、第四高等中学校を中途退学。

秋声文学は冷厳たる自己凝視と澄明《ちょうめい》な客観描写をまん中に据えた典型的な庶民文学であり、自然主義文学の鮮烈なる光芒として、文学史上に不滅の輝きを持つ。代表作「黴《かび》」、「あらくれ」、「仮装人物」、「縮図」等。

昭和十八年十一月十八日、多くの名作を生み出した本郷区森川町の書斎で永眠。」とある。

徳田秋声

徳田秋声の墓碑。揮毫は井上靖

井上靖の筆による副碑には秋声の略歴が記されている

② 西田幾多郎《にしだきたろう》先生旧跡

（卯辰山公園線沿い・常磐町　◎地図10ページ）

日本代表する哲学者が参禅

天神橋から車道を上っていき最初のカーブの左手に、哲学者天野貞祐《あまのていゆう》の書で「西田幾多郎先生旧跡」と記された石標が建っている。哲学者西田幾多郎（一八七〇～一九四五）が参禅の為に約九年間通った、国泰寺住職雪門禅師の草庵「洗心庵」の跡である。石標には、「昭和三十二年六月七日　頌徳《しょうとく》記念會建之」とある。

　西田幾多郎は石川県かほく市宇ノ気町の生まれ。明治二十七年（一八九四）東京大学哲学科修了後、西洋近代哲学を研究。同三十三年（一九〇〇）三々塾をつくり、四高生を指導、かたわら禅道の修行にも励んだ。「善の研究」などの哲学書を著し、昭和十六年（一九四一）年文化勲章受章。

　題字を書いた天野貞祐はカントの研究で有名な教育者で、京大教授、一高校長、文部大臣を歴任した。

西田幾多郎先生旧跡の碑。西田はこの場所にあった「洗心庵」に９年間参禅した

1 禁門の変と松平大弐の死

幕末の政局において、加賀藩の藩是《はんぜ》（藩の最高政治意思）は攘夷を軸に朝廷と幕府以下諸大名が一和する「公武一和」であった。一八六三（文久三）年、尊攘派が勢いを増すなか、会津藩と薩摩藩を中心とする公武合体派は、尊攘急進派の長州藩や公家を京都から追放した。（八月十八日の政変）

一方、加賀藩では、世子の前田慶寧《よしやす》（後の十四代藩主）は長州に同情的で、六四（元治元）年五月に上洛し、長州藩赦免のため同藩と幕府、朝廷間の周旋《しゅうせん》に奔走したがうまく進まなかった。同年六月に新選組が京都に潜伏していた長州や土佐の尊攘派志士らを襲撃した池田屋事件が起きると、長州は憤激し、幕府側と一触即発状態となる。周旋を図ってきた慶寧は難しい局面に陥り、側近から京都からの退却論が出る。京の家臣団の意見は分裂したものの、最終的に慶寧は京を去る決心をする。

幕府と長州の武力衝突（禁門の変）が起き、七月十九日の午後四時過ぎ、慶寧は、幕府の命令を無視し、年寄奥村栄通《てるみち》と御所守衛の兵を残し、近江海津まで退去した。この経緯を、松平大弐《だいに》碑（石碑㊼）の碑文は、「加賀藩は長州藩と密かに謀り、長州が会津や薩摩を破った場合、天皇の御車を加賀藩領の今津まで避難させることを約束していた」と記しているが、確証はない。戦いは長州の大敗で終わり、慶寧一行は八月十一日に金沢に向けて海津を出発。その直後、家老の松平大弐は宿舎としていた正行院で責任を取り切腹し果てた。慶寧の父である十三代藩主斉泰《なりやす》は、慶寧の退京を強く責め、慶寧を謹慎させ、四十数人の勤王派の人々が、切腹、刎首・禁獄・流刑などの処分を受け、加賀藩の勤皇派は殲《せん》滅《めつ》される。

③ 泉鏡花句碑《いずみきょうかくひ》・比翼塚《ひよくづか》

（卯辰山公園線沿い・東御影町　◎地図10ページ）

美と幻想、ロマンの作家

天神橋から卯辰山を上り二つめの大きなカーブ（洗心庵跡の一段上）に、昭和二十二年（一九四七）泉鏡花顕彰会建立の碑が建っている。

小説家泉鏡花（一八七三～一九三九）は本名泉鏡太郎。彫金師清次の長男として金沢市下《しも》新町《しんちょう》に生まれた。母鈴は江戸下谷の生まれ。九歳で母を失い、生涯亡き母を慕う気持ちを持ち続けた。北陸英和学校を中退、四高受験に失敗したのち、明治二十三年（一八九〇）に上京し、尾崎紅葉の門に入る。同二十七年の出世作『義血侠血《ぎけつきょうけつ》』に始まり、同二十九年の『照葉狂言《てりはきょうげん》』でその本領を発揮。華やかで幻想的な文体の作品の多くは、日本の近代化が人間からいかに多くのものを奪い取ったかをテーマにしており、抑圧された庶民や女性への同情が表現されている。

碑面上部に「鏡花先生の碑」その下に「は、こひし夕山桜峰の松　鏡花」の句が刻まれ、裏面には略歴などが刻まれる。

碑文の文中には「明治二十六年創作冠彌左衛門執筆以来昭和十四年七月縷紅新草ニ到ル生涯ノ著作上梓セラレタルモノ一千巻ヲ越ヘ、名聲歳ト共ニ高マリ洛陽ノ紙價ヲ昂騰セシム」とある。

◇　　◇

かつては、はっきりとしない文字で「比翼塚」、および製作年と思われる「文政十二己丑…」と刻んだ古い自然石が、句碑のすぐ横に置いてあった。心中した者を憐れんで作られたのを、誰かが運んできておいたらしいが、その石もいつの間にかどこかに運ばれ、今は比翼塚と刻んだ新しい石が置かれている。

泉鏡花句碑。かつては碑の前に「比翼塚」と刻んだ自然石が置かれていたという

鏡花先生之碑の篆額

④精忠報国《せいちゅうほうこく》の碑 荒尾富三郎

（卯辰山三社参道 ◎地図10ページ）

日清日露と海軍で活躍

卯辰山の花菖蒲園から卯辰山三社に上る千《ち》杵《ぎ》坂《ね》の石段を上り、一旦左に折れて間もなくの右手に三メートル余りの大きな碑が石組の上に建つ。

荒尾富三郎（一八六八～一九〇五）は金沢生まれの軍人。明治二十年（一八八七）海軍兵学校を首席で卒業し、日清日露戦争中は海軍の中枢で活躍した。明治三十八年（一九〇五）日本海海戦のとき、不幸にも過労で急死した。

碑の題字は連合艦隊司令長官東郷平八郎元帥、碑文は第三艦隊司令長官片岡中将の撰《せん》。

【碑文の大意】

聯合《れんごう》艦隊の第三艦隊副官であった荒尾富三郎は加賀金沢の藩士であったが、長じて海軍兵学校に入る。学業を終え明治二十一年十一月海軍少尉に任官、二十五年一月軍艦松嶋の回航員となり佛国に航海した。二十七、八年の日清戦争では軍艦筑波の航海長として従事、累進して海軍中佐となり、日露戦争が勃発すると第三艦隊副官を以て、連合艦隊司令長官東郷平八郎海軍大将の幕僚となって、旅順港封鎖、対馬海峡の哨戒《しょうかい》等の任に当たる。次いで樺太《からふと》攻略軍に参加したが、劇務中、病を得、横須賀鎮守府付視事に転ずるも、僅か二日にして歿した。時に明治三十八年七月十九日、享年三十八であった。朝廷は功を賞して功四級金鵄《きんし》勲章、並びに勲三等旭日中綬章を賜わり、特旨にて従五位に叙せられ東都青山の墓地に葬られた。（碑を郷里に建てるに当たり東郷平八郎が題字を、片岡七郎海軍中将が撰文、齊藤孝至海軍大佐が碑文を書した。）

（132ページに碑文の原文と訓読文）

精忠報国の碑。日清日露の戦争で海軍の中枢として活躍した軍人荒尾富三郎を顕彰している

題字は東郷平八郎元帥によるもの

⑤ 安達幸之助《あだちこうのすけ》の碑

（卯辰山三社参道　◎地図10ページ）

大村益次郎に学ぶも暗殺される

精忠報国の碑のさらに上、三之坂を登ると、右側に「勤皇家安達幸之助君之碑」と刻んだ石柱を前に、明治五年（一八七二）勝海舟の撰文による賛辞を刻んだ御影石の碑があるが、風化してすでに判読できない。道路沿いには略歴を記したブロンズ板がはめ込まれた横長の自然石が置いてある。

安達幸之助（一八二四〜一八六九）は加賀藩士で、本名安達寛栗《ひろかた》、金沢生まれ。藩命により江戸に出て、西洋兵学を村田蔵六（後に大村益次郎と改名）に学び、明治維新には益次郎と共に徴兵令・廃刀令・陸海兵学校新設などの立案に参画した。明治二年（一八六九）京都出張した益次郎を訪問した幸之助は、宿に乱入してきた刺客に襲われ益次郎と共に倒れた。墓は野田山墓地にある。

【碑文の大意】

安達幸之助は金沢藩士で、人となり剛直、幼少より学に志し長じて東京・村田蔵六（後の大村益次郎）の塾に入り、専《もっぱ》ら兵学を修めた。帰藩後、藩校で兵学を講じ、名声一藩に知れた。明治二年藩命により西上、同年九月四日公事にて兵部大輔大村益次郎を訪ねたが、此の夜、偶々《たまたま》賊あり大村氏を襲う。この時、安達は座に在り刀を抜き賊に当たるも衆《しゅう》寡敵《かてき》せず、傷を負うて斃《たお》れた。時に四十七歳。朝廷はこれを愍《あわれ》み、葬儀を助ける金品を賜わり、東山墓地に護葬された。門人の依頼に依り、余勝海舟が撰文し、福田鳴鵞の書丹にて碑を建てた。

（135ページに碑文の原文と訓読文）

安達幸之助の碑は石柱を前に、石の柵に囲まれている

碑の前には説明の銅板が新たに作られている

石碑の表面は摩耗し現在では碑文は判読できない

⑥ 卯《う》辰山《たつやま》招魂社《しょうこんしゃ》碑

（卯辰山三社参道・招魂社跡　◎地図10ページ）

北越戦争の戦死者を祭る

安達幸之助の碑からさらに石段を上ると平らな敷地に出る。ここは元は招魂社（現在の石川護国神社）のあった所。明治元年（一八六八）越後奥羽の乱（北越戦争・戊辰戦争）のとき、加賀藩からは七千六百人余が出兵し、長岡藩との戦いに参加、戦いは二百日余にわたり、碑文によれば加賀藩の戦死者は百三名に達した。これらの戦死者を祭り、同十年西南の役、その後、日清・日露戦争の戦死者など、金沢に師団司令部があった第九師団関係の戦没者を合わせて祭った。

昭和十年（一九三五）社殿を出羽町に移し、同十四年には石川護国神社と改称している。

卯辰山招魂社碑は、階段の上り方向に向かって右手、樹木の下にある。

碑文は「明治紀元戊辰《つちのえたつ》　兵部卿　純仁親王は勅を奉じ、諸藩の兵を帥《ひき》いて越後従《よ》り進みて以て奥越の乱を討つ。我が藩も亦た兵二十小隊、礮《ほう》十八門を出し、相い共に力を戮《あわ》せて奥羽を掃蕩せり」と始まる。

この跡地には、階段上り方向に向かって左手に北越戦争の碑があり、右手奥には、玉垣に囲まれた八基の各隊戦没者の碑や、昭和十二年建立の招魂社跡記念碑がある。

（137ページに碑文の原文と訓読文）

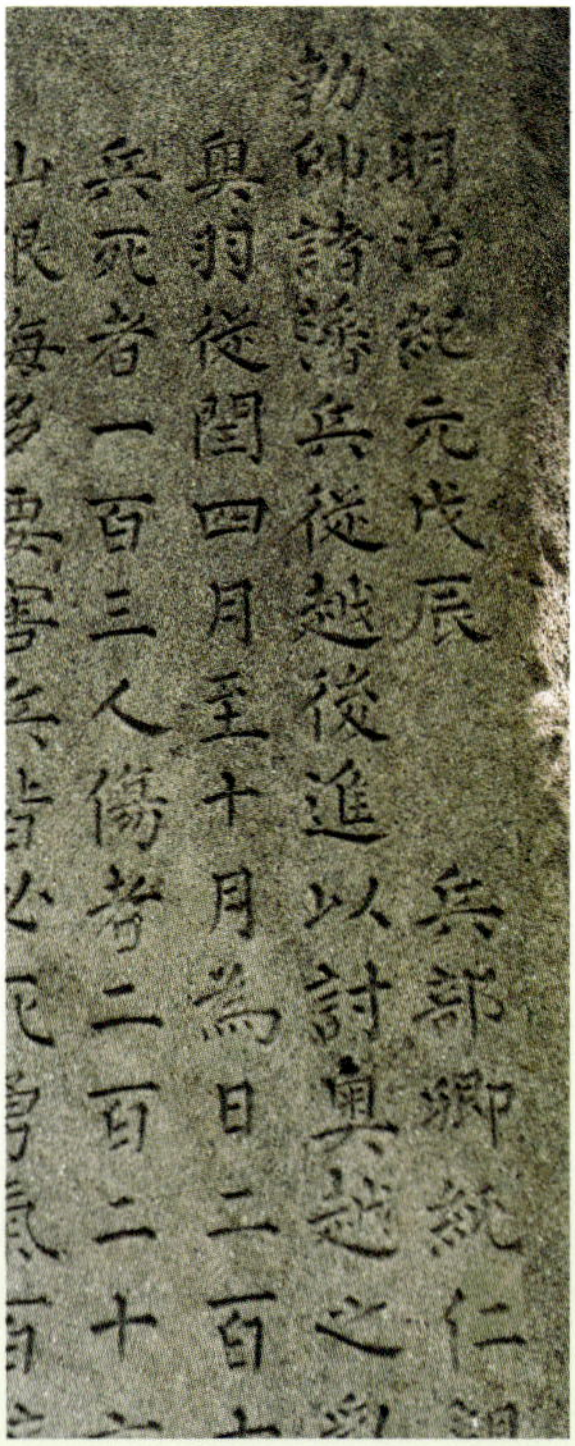

碑の冒頭部分に「従越後進以討奥越之乱（越後より進んで奥越の乱を討つ）」の文字が見える

卯辰山招魂社碑。北越戦争での加賀藩の戦死者を祭っている

2 前田慶寧と卯辰山開拓

禁門の変での退京で「敵前逃亡」の汚名を負った前田慶寧《よしやす》は金谷御殿《かなや》に幽居。一八六五（慶応元）年四月に謹慎が解かれ、六六（慶応二）年四月、家督を相続して十四代藩主となった。慶寧は本格的な軍制改革を進め、西洋式軍制が整えられていった。軍の改革に参画した藩士には安達幸之助（石碑⑤）もいた。また、自藩の富国強兵のために、三州（加賀・能登・越中）割拠《かっきょ》の意思を明確にした。

慶寧は卯辰山開拓事業にも着手した。六七（慶応三）年六月、観音院の後方に貧民の病苦を救うための養生所（病院）を建設した。建設には町民がボランティアで参加するなど、大いににぎわった。養生所の北には、笠舞村にあった貧民授産施設の撫育所も移転した。六七年には庶民の教育施設、集学所が町人有志によって卯辰山に建設された。天神橋上流の常磐町あたりには、唐紙地製造所や紅染所、織場、製油所、製綿所、綿羊小屋、工芸所、鉄工所などの生産工場が作られた。さらに娯楽施設として、料理屋、茶屋、揚弓場、薬湯、馬場、寄席、芝居小屋なども設けられ、慶寧は藩の生産力や経済力の向上を図った。兼六園・竹沢御殿にあった天満宮も卯辰山に遷座されている。

慶寧は福沢諭吉の『西洋事情』や、加賀藩士佐野鼎《かなえ》の『奉使米行航海日記』などを読み、欧州の貧院（老人、幼児、障害者、孤児などの施設）や病院の制度に触発されたとされる。しかし六九（明治二）年に版籍奉還が行われ、慶寧の家禄が十分の一に削減されるなどして、この卯辰山開拓の大事業は崩壊し、施設は荒れ果ててしまう。六九年十二月には、卯辰山の織屋や湯座屋《ゆざや》に長崎・浦上のキリシタンが収容され、三年にわたる幽閉生活を送ることになる。（石碑⑰）

3 朝敵となることを免れる

一八六七（慶応三）年十月、将軍徳川慶喜《よしのぶ》は、政権をいったん朝廷に返し諸侯会議を開く「大政奉還《たいせいほうかん》」の上書を朝廷に提出した。ただ加賀藩主前田慶寧は、「自分の真意はどこまでも徳川家を助け」ることであると述べている。一方、薩長を中心に密かに倒幕運動が進められた。十二月九日、朝廷において「王政復古《おうせいふっこ》」が宣言され、慶喜に辞官・納地を要請することが決定。慶寧は「政権はいずれ幕府に返される」と考えていたが、薩長土肥主導のクーデターで事態は急転。この日上洛した慶寧は、慶喜に退去を進言、慶喜は大坂から軍艦で江戸に退去し、慶寧も三日後に退京する。

反発した旧幕府勢力と新政府軍の間で、六八（慶応四）年一月三日、鳥羽・伏見の戦いが起きる。この際、京都の加賀藩兵は、幕府の命令には一線を画し、間接的に倒幕軍が優位となるような行動をとった。翌四日には旧幕府軍が退却、勝敗は決した。

一方、国許《くにもと》の金沢では五日に徳川援軍のため近江に兵を出すことを決定。朝廷は六日、在京の家老前田孝錫《たかてる》に国論を問いただしたところ、孝錫は勤王であると断言した。情報伝達に時間がかかった時代でもあり、急激な変化に対応した在京家臣と、国許の差が見てとれる。七日、朝廷から徳川慶喜追討令が布達されたが、同じ日、在京家臣らは国許から徳川家加勢のため加賀藩出兵との知らせを受け、これは一大事と急きょ中止を求め、関沢房清《ふさきよ》（遯翁《とんおう》）（石碑㊾）ら使者を国許へ派遣。金沢からは重臣村井長在《ながあきら》が十日に近江に向け出陣したが、小松で関沢らと会い進軍を中止。十二日、藩論は勤王にかたまり、十五日に援軍の帰還が命じられた。加賀藩はすんでのところで反朝廷の汚名を着せられることを危うく免れた。

⑦ 贈従五位《ぞうじゅごい》水野君碑 水野寛友《ひろとも》

（卯辰山三社参道・招魂社跡 ◎地図10ページ）

裏に再度碑文を刻む

招魂社跡の右奥、八基の墓の向かいにある。

水野寛友は加賀藩士で通称徳三郎、金沢市生まれ。明治元年（一八六八）北越戦争で一部隊長として活躍し、六月戦死し、大正九年（一九二〇）従五位を追贈された。

これは表と裏両面に碑文が刻まれている珍しいもの。最初は現在裏面となっている碑文を刻み大正十年（一九二一）に建てられた。しかし、遺族にはその文がしっくりこず、時を隔てて昭和十年（一九三五）に再度裏面に碑文を刻み直し、その面が今は表となっている。

昭和十年の碑文には「而して其の文（大正十年の碑文）鬯《のびやか》ならず。嗣《し》の勝太郎は以て遺憾を為すも未だ改刻に迨《およ》ばずして歿せり　遺族の茂夫、其の志を継ぎ、今川善太郎君を介して文を余に請えり」と黒本稼堂の撰と書で刻まれている。

水野君の碑の向かいには、北越戦争の各隊の戦没者の碑八基が並ぶ

水野君の碑。現在の表側の面は昭和10年に刻まれたもの

現在裏となっている面には、大正10年に刻んだ碑文が記されている

⑧ 退筆塚《たいひつ》

（卯辰山天満宮前　◎地図10ページ）

筆工が禿びた筆の功讃える

卯辰山三社が並んで建つ境内。社に向かって右手に建つ。明治元年（一八六八）建立。

退筆とは筆先の禿《ち》びた筆であり、それを納める塚が退筆塚である。この碑を書いた市河三紀《さんじ》（遂庵《すいあん》）は幕末の三筆《さんぴつ》と言われた市河米庵《べいあん》の後を踏襲した人物。企画を立てたのは金沢の筆工松村金七《きんしち》で、その子の忠清《ただきよ》が遺志を継いだ。表に碑文があり、裏に大きく退筆塚とある。金沢の退筆塚の多くは寺子屋の門弟が師匠の為に建てたもので、紋切り型の文章が多いが、この碑は筆を作る人の建立であり、文の内容は気が利いている。

参道の左手に退筆納と書かれた石碑がある。これは入木道《じゅぼくどう》（書道）手習所《てならいしょ》（大衆免《だいじゅめ》中通の寺子屋の師匠山本東涯社中）が建てたもの。

【退筆塚記の大意】

大凡《おおよそ》、字を書くには必ず筆・硯《すずり》・墨・紙のお世話になる。そして、硯は数十年経っても無事だし、墨は摩耗してすっかりなくなってしまうが、その代わりに輝かしい墨跡を紙に托して千年の後までも伝えることができる。しかも書き表す文字は、書の道は勿論のこと、裁判の理非曲直《りひきょくちょく》、会計における金銭・物品の出納の記録など、何れも筆の力に依らないものはなく、しかも傷みの最も甚だしいものは筆である。筆の芯が挫け、筆先が禿びてくると、人知れず放棄されて、塵《ちり》や芥《あくた》と同様にかえりみられなくなってしまう。論功行賞《ろんこうこうしょう》は世の定めであることに鑑《かんが》みて、この功績ある筆をそのまま土中に葬り去るに忍び難く、書を学ぶ者の崇拝して已まぬここ天満宮の境内に碑を築いて、その功を讃えることとした。

（141ページに碑文の原文と訓読文）

退筆塚。碑文には、書において重要な役割を果たしながら、後世に残ることのない筆の功を讃えいたわる文が刻まれている

退筆塚の裏側

⑨ 三浦彦太郎君之碑

（卯辰山公園線沿い・子来町　◎地図10ページ）

電動式の製箔機を発明

卯辰山公園線から観音院への別れ道が出ている場所、山野草園近くの急なカーブの内側にある。碑の上部には、もと銅像があったが、戦時中供出された。現在は顕彰の辞を記した石板をはめ込んである。

三浦彦太郎（一八六九〜一九三九）は金沢生まれ。十六歳から製箔を学び、のち自分で工場を設けた。大きな功績は電動式の製箔機を発明したことで、現在の金沢箔の礎を築いた。生産過剰を恐れ販路を海外に求め、米国に渡って需要を調べ、ニューヨークに支店を設けた。東南アジアやインドも訪れ、箔類輸出を盛んならしめたと記されている。

銅像は昭和十三年（一九三八）、翁の古希を記念して建立された。

碑文には五行目より「既にして世運日に進み、製箔の業も亦た其の法を改む宜《べ》きと謂う。

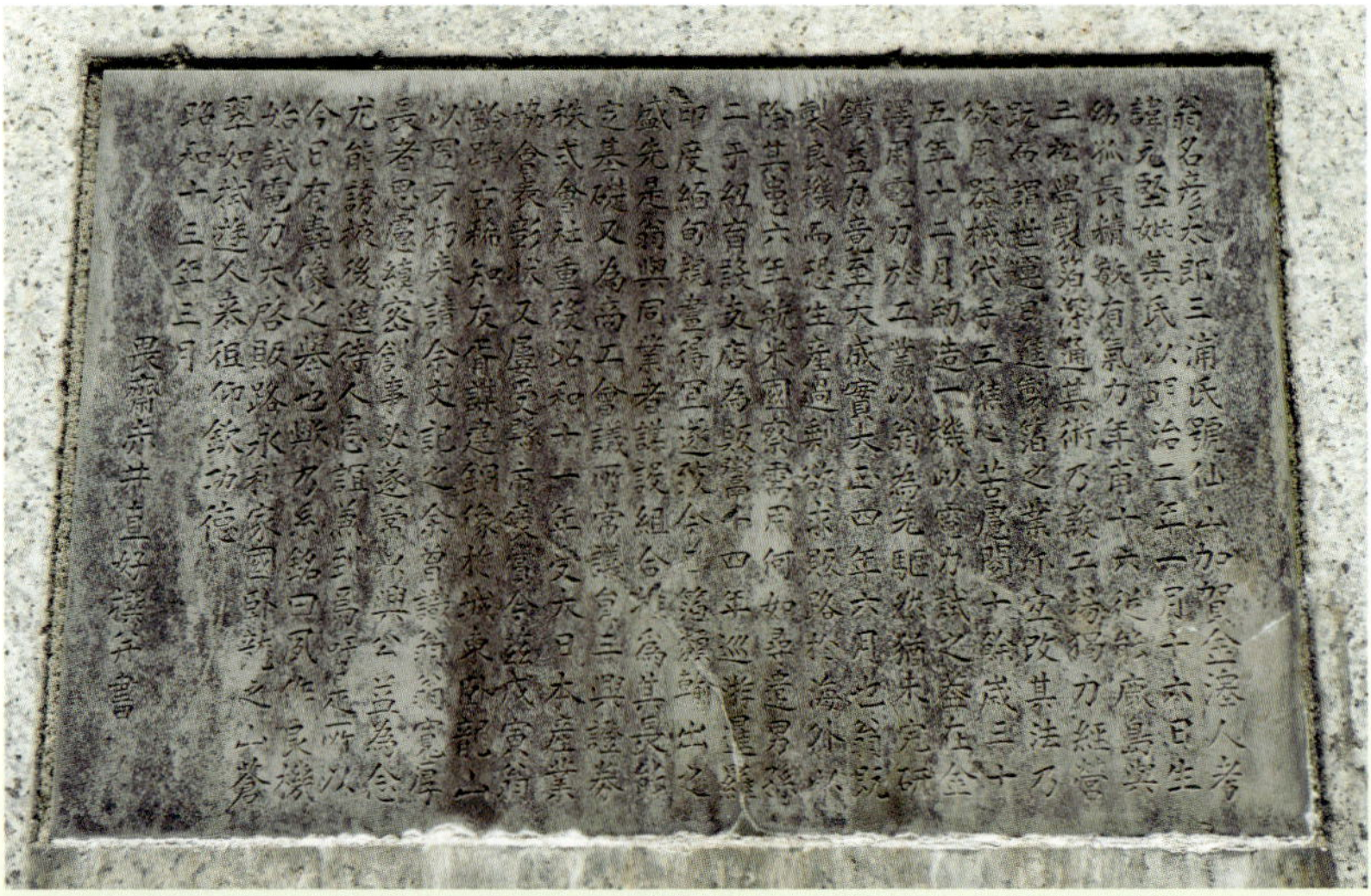

台座の側面にはめ込まれた碑には、三浦彦太郎の功績を記した碑文が刻まれている

三浦彦太郎君之碑。以前はこの上に箔業に功績のあった三浦彦太郎の銅像が立っていたが、戦時中に供出された

乃ち機械を用いて手工に代えんと欲し、焦心苦慮、十餘歳を閲《けみ》して三十五年十二月、はじめて一機を造り、電力を以て之を試す、蓋し金沢に在りて電力を工業に用いるは翁を以て先駆と為す」とある。

碑文は赤井直好の撰と書。

⑩ 津田米次郎《つだよねじろう》翁発明顕彰碑・像

(卯辰山公園線沿い・末広町　◎地図10ページ)

日本初の羽二重力織機を発明

三浦彦太郎君之碑からさらに卯辰山公園線を登ると、道は右にカーブする。その正面の斜面に階段があり、その上に大正六年(一九一七)建立の津田米次郎翁の銅像が高い台座の上に立っている。銅像は珍しく太平洋戦争末期の金属供出を免れている。

津田米次郎(一八六二～一九一五)は金沢生まれの絹織物機械の発明家、実業家。父は尾山神社の神門を完成させた大工だったが、機械作りにもたけており、その影響で米次郎は少年時代から動力織機の発明を夢見た。京都でバッタン機(当時高水準のフランス製木綿手織機)を研究し、金沢に帰って自作の木綿手織機を製作。さらに絹織りの機械化に取り組んだが失敗の連続だった。明治二十年(一八八七)、大阪の住友家から滋賀県の新設製糸工場の工事を任され、開設後も工場にとどまり様々な機械を発明した。金沢に戻ると援助者が続いて現れ、木綿用力織機を完成。同三十三年(一九〇〇)日本初の羽二重力織機を発明、完成。津田式動力機と命名され、絹織物業界の急速な発展に寄与した。甥の駒次郎は米次郎に協力して工場を経営した。

銅像の右側には大正六年と昭和三十四年の顕彰碑が並んでいる。

大正六年の碑文には「夙《つと》に世の織機の徒《いたづら》に人力を費やし、産額多からず。巧緻も不完なるを慨《なげ》き、新意を出して以て公益を図らんと欲す」「財をつくし産を傾け、遂にはじめて一機を製《つく》る　これを旧機に視るに、其の便益は啻《ただ》に倍蓰《ばいし》(数倍ないし五倍)するのみならず、名づけて津田式力織機と曰う」と記述してある。撰は赤井直好《なおよし》、書は畠山観成《きんせい》。

津田米次郎翁発明顕彰碑。金沢の産業の発展に多大な功績を遺した津田米次郎の碑は仰ぎ見るように堂々としている

台座には大正６年の銅板の碑文がある

銅像に向かって右手には、昭和34年の顕彰碑がある

⑪ 日本中国友誼《ゆうぎ》団結の碑

（卯辰山公園線沿い・東御影町　◎地図10ページ）

七言絶句で平和と友好誓う

津田米次郎の銅像のあるカーブから少し上ると、右手に入っていく道があり、そこを少し入った所にある。昭和四十四年（一九六九）日中友好協会、日本国際貿易促進協会県支部によって建てられた。

碑の中央には「日本中國友誼團結」と刻まれ、左下には建立の趣旨などを記したブロンズの板がはめ込まれている。

文には「再び不幸な戦争を繰り返すまい。私達日本人民はかつての日本軍国主義による中国侵略戦争を深く反省すると共に、日中両国の善隣友好こそがアジアの平和、世界の平和を築く礎石であると確信します」とある。

裏面には一九六五年に日中友好協会会員などが中国訪問の際、郭沫若《かくまつじゃく》（当時の中日友好協会長）から託された七言絶句が記されている。（143ページに碑文の原文と訓読文、大意）

日本中国友誼団結の碑

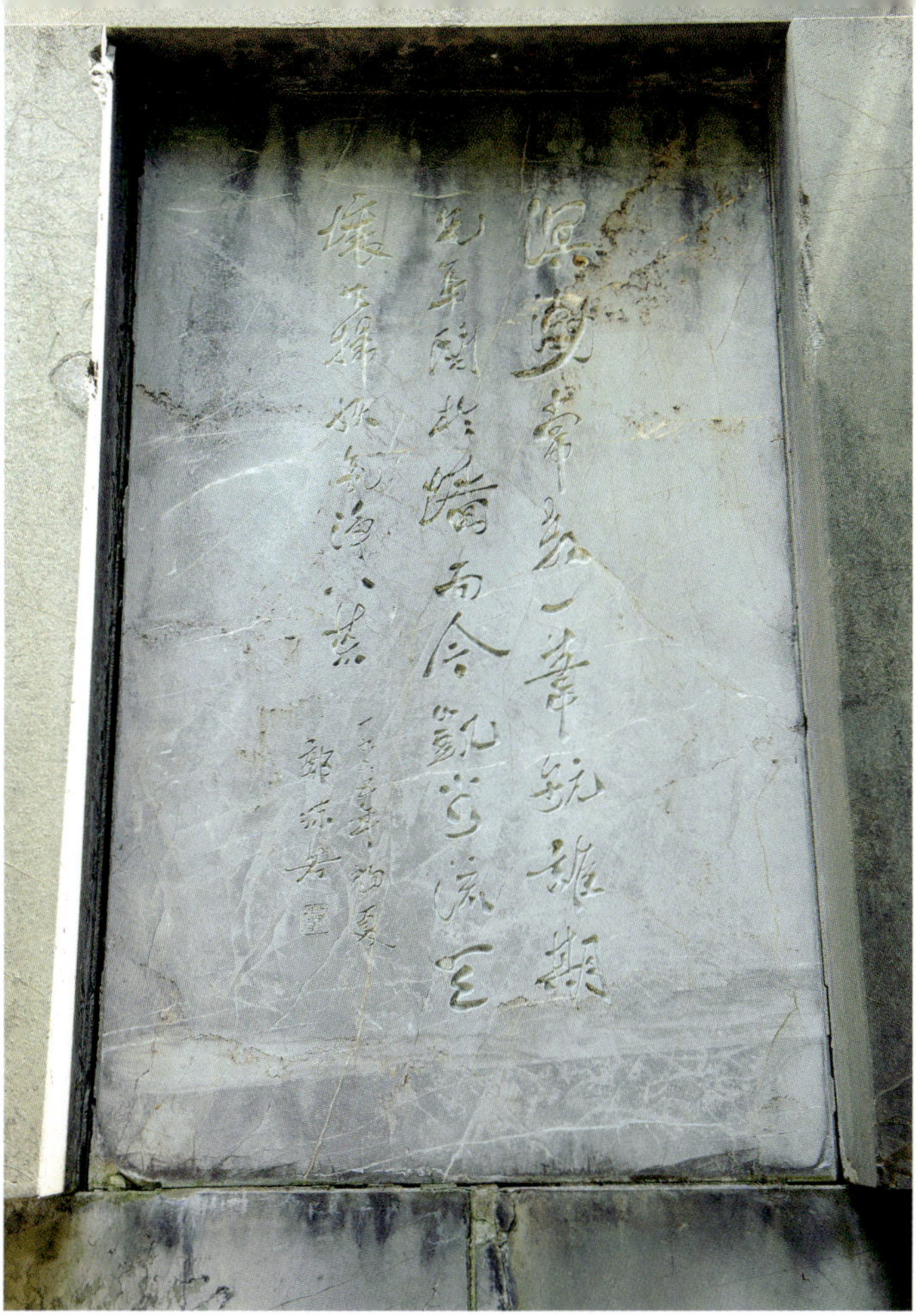

碑には大理石に七言絶句が刻まれている

銅板に書かれた碑文

⑫ 清水誠《まこと》先生顕彰碑

（卯辰山公園線沿い・末広町 ◎地図10ページ）

マッチ製造の父を讃える

卯辰山公園線を登り望湖台に向け大きく右にカーブする左手、木立の下にある。津田米次郎翁銅像の上にあたる。飛鳶台と言われるスペースに大きな石の表に「清水誠先生顕彰碑」と刻み、碑裏には略歴などが記されている。題字は畠山一清の書。昭和三年（一九二八）「清水誠先生顕彰会」が建立した。

清水誠（一八四六〜一八九九）は金沢生まれの科学者。マッチ製造の研究を重ね、国産化に成功。マッチを日本の主力輸出産業に育て上げた。加賀藩士の六男として生まれ、フランスに留学し工学を修める。マッチ製造に当たっては、軸木を安価に大量生産するための機械開発に力をつくした。

碑陰の略伝には「(明治)八年東京ニオイテ本邦最初ノ燐寸《マッチ》ヲ製造九年新燧社《しんついしゃ》ヲ設立シテ苦心経営遂ニ燐寸ノ輸入ヲ防圧シ逆ニ海外ニ輸出スルニ至ル先生ノ志モト国富ニ寄与スルニアリ」と記されている。松本三都正撰文、中浜幸吉書。

因《ちな》みに東京・亀戸《かめいど》天神に前田利嗣《としつぐ》篆額、越中・石崎謙撰文、加賀・江間眞書による「正七位清水誠之碑」が明治三十二年に建てられている。

東京・亀戸の清水誠碑

清水誠

清水誠先生顕彰碑。マッチ製造の父の功績を讃えている

⑬ 故奥村三策《さんさく》先生《せんせい》頌徳《しょうとく》碑

（卯辰山・玉兎ケ丘付近　◎地図10ページ）

視覚障害者の社会的基盤確立

卯辰山公園線を登り頂上付近に近づくと、望湖台のバス停近く、玉兎《ぎょくと》ケ丘の斜面に大きな石碑が建つ。碑面には「故奥村三策先生頌徳碑」とあり、裏面には賛辞を刻む。

奥村三策（一八六四～一九一二）は鍼灸《しんきゅう》師で教育者。金沢市に生まれ、三歳で両眼の視力を失った。金沢藩医の久保三柳に師事し鍼術・按摩を学んだ。さらに西洋医学を修め、東京の築地訓盲院（後の官立盲学校）に学び、その教師に抜擢された。多くの教師を育成し、十数巻の書を著すなどして、視覚障害者の社会的基盤の確立に尽くした。

没後二十五年の昭和十二年（一九三七）、金沢鍼灸マッサージ組合がその功績を表すために、題字を東京盲学校校長片山昇氏に請い碑を建立した。

故奥村三策先生頌徳碑。金沢鍼灸マッサージ組合が昭和12年に建立した。碑の裏には視覚障害者の教育に尽力した功績が記されている

⑭ 鶴彬《つるあきら》川柳句碑

（卯辰山・玉兎ケ丘　◎地図10ページ）

獄死した反戦の川柳作家

卯辰山頂上付近、玉兎ケ丘という広い公園の中にある。「暁を抱いて闇にゐる蕾」と自然石に刻まれている。「一九六五年九月十四日建之　世話人鶴彬顕彰会代表岡田一と　発起人古林徳次　柳号都栄」とある。

鶴彬《つるあきら》（一九〇九〜一九三八）は本名喜多一二《かつじ》。反戦川柳作家。高松町（現かほく市高松）に生まれる。働きに出た大阪で場末の工場生活苦を知り、プロレタリア川柳へと進む。昭和三年（一九二八）には高松に川柳会をつくり文芸運動から階級運動へ進み、この頃、ナップ（日本プロレタリア文芸連盟）高松支部を作る。昭和五年、入隊した金沢歩兵七連隊で日本共産青年同盟の機関誌を配り一年八カ月刑に服した。その後も反戦的な作品を発表し続け、特高警察に逮捕され、獄死した。

代表作は、この碑の句のほか、顕彰碑に刻まれるものとしては、「手と足をもいだ丸太にしてかへし」（盛岡市内の墓所）、「枯れ芝よ団結をして春を待つ」（かほく市）がある。

鶴彬句碑。獄死した反戦川柳作家の句を刻む

⑮ 徳田秋声《とくだしゅうせい》文学碑

（卯辰山・望湖台　◎地図10ページ）

陶板で秋声と犀星の自筆文

卯辰山頂上付近の望湖台に、武家屋敷の塀を模した白壁に瓦屋根つき土塀の形をした文学碑がある。壁面の右上には、秋声の自筆文の陶板がはめ込まれている。内容は「書を読まざること三日、面に垢を生ずとか昔しの聖は言ったが、読めば読むほど垢のたまることもある。體驗《たいけん》が人間に取ってなによりの修養だと云ふことも言はれるが　これも当てにならない。むしろ書物や體驗を絶えず片端から切拂い切拂いするところに人の真実が研かれる」。

中央前方には「秋声文学碑」と記した標柱が立つ。

左下には室生犀星自筆の秋声の略歴などが、九谷焼の陶板三枚に焼かれ取り付けられている。「五十年の永い作家生活の間、ときに神技を帯び又描写の極北を示された」「人間秋聲としては温籍典雅《おんせきてんが》相語るに愉しく小説といふものは常に斯《こ》う書くものであるといふ稀有の域を後進に展《ひら》いて見せられた」とあり、辞世の句「生きのびてまた夏草の目にしみる」が記されている。

徳田秋声文学碑。全体が土塀の形をしている

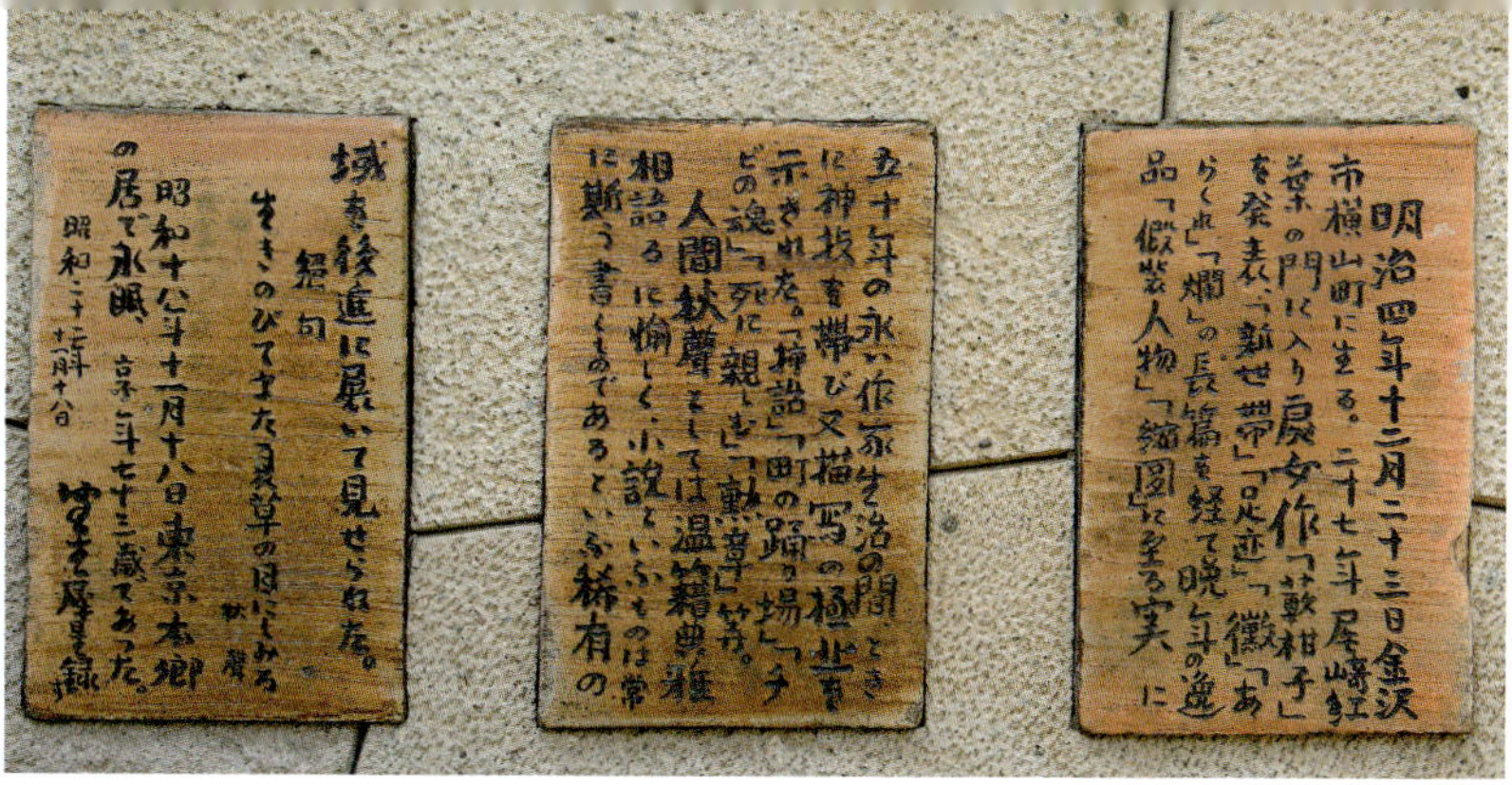

室生犀星自筆の陶板。秋声の略歴を記している

秋声の自筆文の陶板

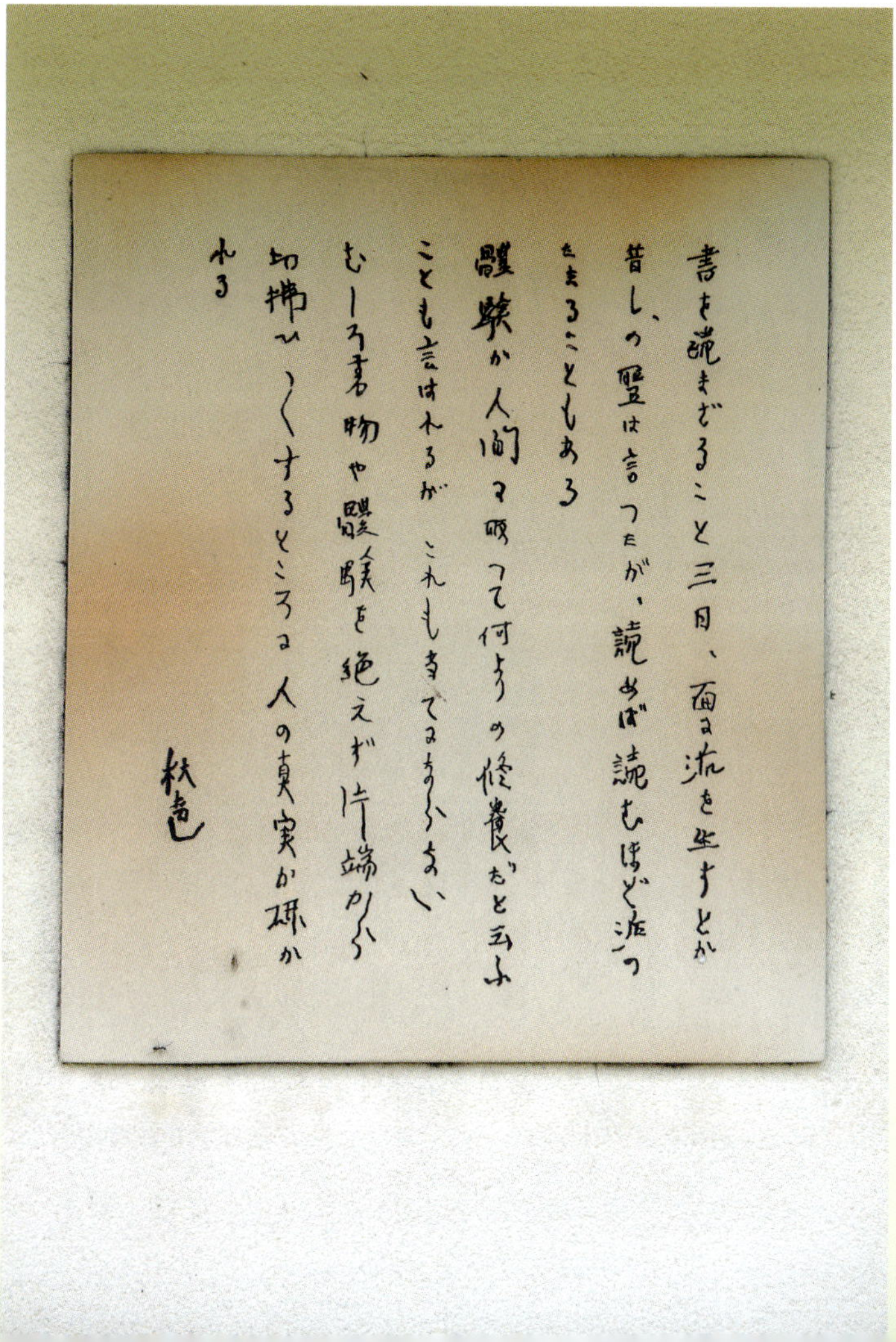

⑯ 金沢市民憲章の碑

（卯辰山・望湖台　◎地図10ページ）

「ひめまつき」の五項目

卯辰山頂上付近の望湖台奥、展望台を下りた所に建つ。御影石の碑の表に「金沢市民憲章」を記したブロンズ板を取り付けてある。昭和五十五年（一九八〇）金沢菊水ライオンズクラブの建立。

金沢の自然と文化を誇りとし、はたらく基盤と、教育・文化の華さくまちづくりに努めるとして、以下の五項目を示している。

1　ひらこう世界と未来に心の窓を

1　めざそういきいきと明るいくらしの創造を

1　まもろう美しい心とふるさとの自然を

1　つなごうみんなの力でまちづくりの手を

1　きずこう個性ゆたかなあすの金沢を

望湖台の展望台下にある「金沢市民憲章の碑」

4 北越戦争と招魂社

一八六八（慶応四）年二月二十五日、新政府は東海、東山、北陸の三道から幕府追討の東進を始める。ぎりぎりのところで朝敵となることを免れた加賀藩は、新政府に恭順の意を示すため、先鋒となることを願い出るが、信を得ることはできず、兵糧《ひょうろう》・人馬・軍費補充を命じられた。

三月二日、北陸道先鋒総督鎮として高倉永祜《ながさち》が諸藩の兵を率いて金沢に到着した。四月十一日に江戸城が無血開城した後も、会津藩を中心に根強い反抗が続き、四月十五日、朝廷から、薩長軍などと共同し北国筋から東北地域を鎮圧せよとの命が下り、加賀藩は先陣として銃隊物頭小川仙之助・箕輪知太夫隊を北越に出兵させる。本格的な戦闘は閏《うるう》四月二十七日の越後鯨波《くじらなみ》の戦闘で幕を開ける。五月十六日からの長岡城占領戦、七月二十四、二十五日の同敗戦、二十九日の奪還戦に苦闘した。一部は陸奥に及び会津若松の戦いにも参戦した。小川隊が八月一日に金沢に帰還し、最後の隊が金沢に帰ったのは翌六九（明治二）年の二月であった。この最後の隊には後に数学者となる関口開《ひらき》（石碑㊽）も所属していた。

この戦いに加賀藩が送った総兵力は、士卒一七七四人、監察軍吏九五三人、従僕役夫四六〇〇余人で総計七六〇〇余人に達し、その中の一部、水野徳三郎（石碑⑦）らに率いらせた各隊は支藩富山藩の助勢とした。その他六万五〇〇〇両の献金や米十三万俵など多くの物資調達は藩財政を圧迫した。戦死者を祭る招魂社が卯辰山に建てられ、招魂社碑（石碑⑥）が残る。招魂社跡地には北越戦争の八基の墓が並ぶ。

⑰ キリスト教殉教者の碑

（卯辰山・横空台下　◎地図10ページ）

五百人が谷間に幽閉される

卯辰山頂上付近の横空台《おうくうだい》のわきから谷間に向けて階段を下り、しばらく歩くと、下辺が短い台形の碑がある。碑の表には十字架の下に「義のため迫害される人は幸いである」と聖書のマタイ書第五章十節の言葉が刻まれている。

裏面には殉教の経緯が記される。

明治二年（一八六九）、維新後も信教の自由は許されず、長崎浦上のキリスト教徒が多く囚われ、うち五百人あまりが金沢藩に預けられ、幕末のころに湯ざやや織屋があったこの谷間に幽閉された。改宗を迫られたが堪え、四年間で百五人が迫害や病に倒れた。明治六年春に政府はキリシタンの禁制を解き、四百十九人が浦上に還った。

このことを後世に伝えようと、カトリック金沢教会が昭和四十三年（一九六八）八月十一日、建立した。題字は徳田與吉郎（当時金沢市長）、碑文はチプリアノ・ポンタッキョ。

碑の裏には殉教の経緯が記された銅板がはめられている

谷間に下りる山腹にある「キリスト教殉教者の碑」

⑱ 卯辰山公園創設記念碑

（卯辰山・月見台　◎地図10ページ）

卯辰山開拓の歴史記す

望湖台から卯辰山公園線を北方面に下ると、右手に山の斜面を登る階段が見える。そこから月見台と言われる所に上ると、正面に背の高い石柱が建ち、「卯辰山公園創設記念碑」と刻まれている。昭和二年（一九二七）の建立。題字は金沢出身の元文部大臣中橋徳五郎の筆。

この碑の横には昭和三年、当時の金沢市土木課長松江甚吉の文で、卯辰山開拓の歴史が記された石碑が建てられた。

「卯辰山は慶應年間に加賀藩が山上を開拓し、道路が通じ神社や劇場などできにぎわったが、藩が廃せられ山は荒廃した。明治三十九年から山上の公園開設に向けて調査が始まり、大正三年初めて公園に供用。翌年、西口の帰厚坂《きこうざか》を改修して登降の便を増し、同十一年以降、園内が整備され文化の施設が加わった。昭和二年に北口の汐見坂新道を開鑿し市民が利用しやすくなった」との内容。

卯辰山開拓の歴史が書かれている石碑

卯辰山公園創設記念碑

⑲ 金沢大学屍体《したい》解剖の塚・碑・墓

（卯辰山・月見台　◎地図10ページ）

医学生の解剖体慰霊のために

卯辰山公園創設記念碑から右手に少し下ると多くの塚や墓が並ぶ墓地がある。明治三年（一八七〇）以降金沢医学館、金沢医大、金沢大学医学部の解剖体慰霊のためのものである。正面に「解剖屍体之塚」の石標、その後ろに献体者の氏名を刻した墓標が並んでいる。

墓地の右側には明治十六年（一八八三）建立の「解剖遺骸之碑」がある。島地黙雷《しまじもくらい》の篆額、石川県金沢医学校長兼金沢病院長田中信吾の撰。

当時は医学生が解剖術を学ぶにあたっては、本人の意思による献体ではなく、刑死者の遺体を当てていた。

【解剖遺骸之碑の大意】

金沢医学校の教員生徒諸士は解剖術を習うのに、明治の初めより今日まで十年餘の間、

解剖体慰霊のための墓地。正面に「解剖屍体之塚」の石標。その後ろには献体者の氏名を記した墓標

明治16年建立の「解剖遺骸之碑」

凡そ二十人餘の刑死者の死体をそれに当てて恩恵に与《あずか》ってきた。先頃、この解剖に付した方々の霊を慰める為、碑を建てようと謀られて、その撰文の任に病院長である田中が当たることとなった。

　昔から碑を建てるのは当人の生前の功績を讃える為であって、刑余の罪骸の為に碑を建てるということは未だかつて聞いたことがない。然し、刑死者は刑に服することによってその罪は尽きるわけで、ましてやその遺骸を解剖に提供することに依って、我国の医術の進歩発展に寄与する功績は尠《すくな》からざるものがある。抑々《そもそも》医学が我国に行われて以来久しいが、医療に携

昭和62年金沢大学医学部学生による「献体の諸霊に」のプラスチック板

わる者は率《おおむ》ね旧套《きゅうとう》を墨守《ぼくしゅ》し、とりわけ解剖術の如きは屠者の業として不仁視してきた。近来西洋医学の普及により解剖術の必要性が高まり、一般の方々にもご理解ご協力が頂けるようになってきた。この解剖体が我が校の医学の進歩に利あり、併せて病苦にも益あることに思いを致し、ここに碑を建てて解剖に付された方々の慰霊と感謝の念を顕わすこととした。

（145ページに碑文の原文と訓読文）

◇　◇

左側には昭和六十二年（一九八七）金沢大学医学部学生（代表新井田要）による「献体の諸霊に」と題した、慰霊の言葉を記したプラスチック板がある。

左手の木札は近年の献体者の氏名。

新しい献体者の名を刻んだ墓標は今も増え続けている。

⑳ 箔業祖記功碑

（卯辰山・月見台　◎地図10ページ）

密《ひそ》かに箔作った先人の功績

卯辰山公園創設記念碑から左手の山道を進むと、巨大な碑が現れる。昭和十年（一九三五）、箔同業組合有志が建立したもので、二段の石組の上に大きな立石の碑が建てられている。表面には前田直行男爵の篆額、黒本稼堂撰文の碑文がある。

碑文は「箔業は本市産業の一源泉なり」と始まる。藩の作事場の商人安田孫兵衛は寛政年間、箔業を志したが、当時は京都、江戸、三親藩以外での金銀箔製造は認めていなかった。そこで、孫兵衛は本願寺に詣で、金銀の溶解法などを学び、密かに箔製品を作った。後を継いだ者がわずかに江戸の製箔販売権を得て、藩主から製造の許可を得、真ちゅうや銅、錫《すず》の箔を作った。嘉永四年（一八五一）に山上街に共同工場が設けられ、明治四年（一八七一）、廃藩置県で初めて製造販売の自由

石組の上に立つ箔業祖記功碑。中央は「寄付者芳名」を刻んだ石

を得て我国製箔の本拠地となった。

藩政時代ひそかに製箔に従事していた人々の名も刻まれている。

碑の真下、台座の石組にはめ込んであるのは、「錦繍其心金玉其相（錦繍《きんしゅう》其《そ》の心、金玉《きんぎょく》其《そ》の相」（稼堂老人の題）と刻んだ石板。

また左側には大きな石碑が建ち、「寄付者芳名」として、多数の建立協力者の名が記してある。

箔業祖記功碑の碑文には、藩政期に密かに箔製品を作り、今日の金沢の箔産業の元となった先人の功績が刻まれている

㉑ 金沢九谷陶宗木米窯址碑《もくべいかまあと》 青木木米

（卯辰山公園線沿い・山の上町 ◎地図11ページ）

九谷再興のきっかけとなった窯跡

卯辰山頂上から卯辰山公園線を下って行き、麓に近づくと、民家に隠れるように左手の道のわき（小坂神社側から登っていけば右手）に円柱形の碑が建つ。「金澤九谷陶宗木米窯址《かまあと》」と刻まれる。書は俳人で画人の小松砂丘（一八九六～一九七五）。

青木木米《もくべい》（一七六七～一八三三）は京都生まれの陶工。文化三年（一八〇六）加賀藩の招きで来沢、卯辰山の瓦師の窯で九谷村の原石と金沢茶臼山の土とで試焼したところ、結果が良好であったので、一旦帰京の後、翌年に本多貞吉を助工に伴い再訪。春日山に初窯を揚げ、青磁・染付・南蛮などの写し物を製作した。しかし年明けに金沢城二ノ丸御殿が焼失したため、藩窯計画は中断、木米はわずか一年で帰京した。春日山窯は文政初年（一八一八）頃まで製陶された。この春日山窯が契機となり、後年、本多貞吉が小松で若杉窯を興したほか、金沢、能美、江沼に陶業が興り、九谷再興につながった。

金沢九谷陶宗木米窯址碑。青木木米が春日山窯を開いた地

㉒ 臥雲《がうん》島田先生碑

（山の上町の小坂神社参道　◎地図11ページ）

師範学校教諭、私塾でも教える

山の上町、小坂神社参道の階段中ほどの左手に建つ。碑面に北方蒙《きたかたきざし》（心泉《しんせん》）の題額で「臥雲《がうん》島田先生碑」、裏面に碑文を刻む。

本名島田定静（一八三二〜一八九三）は金沢市本多町生まれの教育者。明倫堂助教で各種学校で教鞭をとった河波有道《かわなみありみち》は実の兄。明治四年（一八七一）金沢藩の文学訓蒙《くんもう》となり、同八年石川県師範学校助教、同九年教諭。辞職後は金沢市東馬場小学校訓導も務める。その傍ら、子供のために私塾を開き、常に多くの人々が教えを受けていた。

この碑は島田定静の死の翌年の明治二十七年、門人たちが相謀って建てたもの。碑文には「為人《ひととなり》は温厚篤実、循循《じゅんじゅん》と善誘し、人をして楽しみて成るあらしむるなり」とある。

臥雲島田先生碑。小坂神社参道の階段途中にある。北方心泉の題額

碑陰には門人による碑文が刻まれている

㉓ 春日山《かすがやま》少彦名命《すくなひこなのみこと》廟碑《びょう》

（山の上町　◎地図11ページ）

藩の医者が医学の神を祀る

山の上町、小坂神社社殿に向かって右手。柵の中にあり、表面は読み取りにくくなっている。

寛政十二年（一八〇〇）に藩の隠医《いんい》藤田義郷によって建てられた。

春日神廟《しんびょう》の側に、医薬・禁厭（まじない）の法を創めたと言われる少彦名命を祀る廟《びょう》を建てた由来が記されている。

【碑文の大意】

我国では昔から、山の頂や水辺に祠廟が建てられているが、これは人々が、その恩沢に深く感謝しての行為の発露に他ならない。

金沢の東に春日山があり、ここに神廟を設けたのは、金沢の東の鎮めとする為である。

天明年間（一七八一～一七八八）に、医薬や禁厭《まじない》の法を創めたとして尊崇される少彦名命の廟をその傍に建て、藩医丸山家に代々伝わる像をここに奉安した。爾来十年餘が経過したので、この程春日社高井宮司その祠宇を修造され、都内の医を業とする者、この霊験あらたかな少彦名命を益々敬崇し、遠くより近くより相集うて年祭、賽神会《さいじんえ》を盛大に執り行ってきた。金沢藩隠医の藤田義郷も旧《ふる》くよりこの神を欽崇《きんすう》してきたが、今爾寛政十二年碑を建てて以て忠誠を表わさんと謀り、その撰文を河井良温に委ねられたので、ここに銘文を誌す次第である。

（150ページに碑文の原文と訓読文）

小坂神社

春日山少彦名命廟碑。建立から200年以上が経ち表面は読み取りにくくなっている

㉔ 算聖《さんせい》関先生之墓

（東山1丁目の観音院 ◎地図10ページ）

百五十回忌に町人愛好家が建立

東山一丁目、観音院の本堂に向かって右手の墓地にある。

関先生とは、江戸中期の和算家関孝和《せきたかかず》（一六四〇頃～一七〇八）。通称は新助。生地は不詳。幼い時から算数に優れ、算聖と言われた。点竄術《てんざんじゅつ》（筆算式の代数学）を考案し、方程式論、行列式論などを創始。また幾何学を研究。関流を創始（広辞苑より）。武家にも町人にも孝和に師事する者が多かった。晩年には江戸に移る。

この墓は孝和の百五十回忌に町家連中によって建立された顕彰碑。碑文には略歴などを記す。寺町四丁目の立像寺にも、同じ年、武家によって建てられた孝和の顕彰碑がある。（↓115ページ）

側面には関孝和百五十回忌に建てられたとの経緯が記されている

【碑文の大意】

先生は本姓内山氏、名は孝和。後に関氏を

算聖関先生之墓。右の側面に碑を建てた町人10名の名が刻まれる

襲いだ。人と為り才知に優れ衆に抜きん出て、最も数学に得意で、長ずるに及んで天文暦学に特に優秀で、令名天下に轟《とどろ》く程であった。宝永五年（一七〇八）十月二十四日に歿し、東都牛込の浄輪寺に葬られた。

光陰《こういん》箭《や》の如しで、今年既に百五十回忌となり、宮庄他の門人達が相謀って墓を建て先生の令名を百世の後にまで傳えたいと願う。

（153ページに碑文の原文と訓読文）

㉕ 松田東英《とうえい》墓

（東山1丁目の観音院　◎地図10ページ）

顕微鏡製作した医師が生前建立

　東山一丁目、観音院の本堂に向かって右手の墓地、「算聖関先生之墓」よりやや奥まった所にある。

　松田東英《とうえい》（一七八四～一八四七）は越中埴生《はにゅう》村（現小矢部市）生まれの医師。本名は就、芹齋と号した。医術を学び、金沢の医師松田氏の養子となる。江戸、長崎で学び、杉田玄白の息子、立卿とともに『眼科新書付録』の翻訳を担当し出版。金沢に帰って医業を継いだ。眼の構造を理解するために、天保年間に自ら顕微鏡や望遠鏡を製作。藩主に献上し賞されている。

　この墓碑は東英が存命中に建てたもので、左側面（向かって右）に「天保七年（一八三六）秋、四十八歳、誌を就《な》す」とあり、「余、殂《ゆ》けば則ち将《まさ》に屍《しかばね》を當山に埋めんとするなり、今茲、壽藏《じゅぞう》（存命中に建てておく墓）を築き、且つ洮盤《とうばん》を堂前に奉じ、誓って云う。仍《よ》って永代《えいたい》に此の八功徳水《はっくどくすい》（極楽浄土の池や須弥山の七内海に満ちるという八種の功徳がある水）を以て衆と詞《とも》に其れ供養すと云う」との内容の漢文が刻まれている。

　この文中に見える、奉じた洮盤（手洗いの器）は、現在、卯辰山の花菖蒲園から卯辰山三社への石段の上り口にある鳥居左手前にあり、「露結」「松田東英」の字が確かめられる。明治維新後に発令された神仏判然令により観音院から移されたものと推測される。

　松田東英墓の右側面（向かって左）には「志ありける事の　いたづらに　おゆというにきづくこの墓」の歌が刻まれている。

松田東英墓。右側面に碑文が刻まれている

左側面には歌が書かれている

松田東英が奉納した洮盤は花菖蒲園近くに移されている

㉖ 蓮如上人銅像

（子来町の東山蓮如堂 ◎地図10ページ）

「大荘厳論経」から台座銘

子来町、東山蓮如堂の境内、大正末期より七年の年月をかけて蓮如上人の銅像が昭和七年（一九三二）建立された。二メートル余りの石組の上に、北国巡錫《じゅんしゃく》するたくましい上人の銅像が建っている。その後、信者によって御堂が建てられた。

蓮如（一四一五〜一四九九）は、室町時代から戦国前期にかけて、北陸で真宗門徒を急増させた本願寺八代宗主。康正三年（一四五七）に継職。寛正六年（一四六五）延暦寺衆徒《しゅうと》による本願寺破却《はきゃく》に遭い、京都を逃れ、文明三年（一四七一）越前の吉崎（現あわら市）に下向《げこう》し、吉崎御坊を造営。「御文《おふみ》（御文章《ごぶんしょう》）」を製作し活発な布教により、加賀、越中で本願寺門徒の村が急増した。

台座にある大谷瑩亮書の銘「頭鷲珠於死後」は「大荘厳論経《だいしょうごんろんきょう》」の逸話によるもので、持戒の堅固なるべきを教えたもの。

（155ページに碑文の原文と訓読文、参考に「大荘厳論経」の逸話内容）

蓮如上人像台座銘

蓮如上人銅像

㉗ 初代中村歌右衛門の墓碑

（東山2丁目の真成寺　◎地図11ページ）

宮腰出身、実悪の名優

東山二丁目の真成寺《しんじょうじ》境内にある。歌舞伎役者の初代中村歌右衛門（一七一四～一七九一）は江戸中期の京阪を代表する実悪の名優。金沢の医師大関俊安《おおぜきしゅんあん》の子として加賀国宮腰《みやのこし》（現金沢市金石町）に生まれた。幼少より気ままな生活を送り、家業を捨てて、大阪や江戸を放浪した。十七歳の時敵役を得意としていた中村源左衛門の門に入り歌舞伎俳優となり、中村歌之助と名乗り、二十八歳の時中村歌右衛門と改めた。

歌右衛門が演じた実悪は歌舞伎の役柄で、現実的な悪人のこと。当たり役は獰悪《どうあく》な悪党か陰険な謀反人《むほんにん》の役であった。歌右衛門はいかめしい風貌でどっしりとした悪人を演じては天下無類であった。

碑は二代中村歌右衛門らが文政六年（一八二三）に建立した。

（157ページに碑文の原文と訓読文、大意）

初代中村歌右衛門の墓碑。側面に碑文が刻まれる

㉘ 日東秦氏之墓《にっとうはたうじ》

（山の上町の心蓮社　◎地図11ページ）

大鼓金春流の家元が前田家に感謝

山の上町の心蓮社《しんれんしゃ》、本堂の背後に墓地がある。墓地入り口から少し進んで左に折れると左手、樹林の下にある。腰ほどの高さの円柱形の墓に「日東秦氏之墓《にっとうはたうじ》」と刻まれ、左の脇碑に碑文が刻まれている。

能楽の大鼓金春流《おおかわこんぱる》の家元金春三郎右衛門が文化三年（一八〇六）に建立した。実質は加賀藩主前田家から受けた恩義に感謝した記念碑である。大鼓金春家初代は加賀藩と縁が深く、二代目の子の金春伝蔵は加賀藩の江戸在住の大鼓役者として召し抱えられた。四代目は江戸の加賀藩邸での出演記録が多い。この碑を立てたのは七代目で幕府の休暇中に金沢を訪れて建立した。しかし六年後の文化九年に、触頭《ふれがしら》（加賀藩と江戸能界との連絡を担当）の仕事を停止されている。地位を利用したピンハネが露見したためとされる。大鼓金春流は明治維新後に断絶している。

【碑文の大意】

打《うた》ば聞《き》け　死出行《しでゆ》く門《かど》の　鼓《つづみ》かな

余の家代々、前田家の寵遇を蒙って来たが、今年文化三年の秋、南都へ赴く途次、前田家に仕えて門屋敷村に逗留した。当金春家が、屡々藩主より謁見を頂き、ご恩寵に与ること益々厚く感激も一入《ひとしお》である。このご恩を深く肝に銘じたく、ここ心蓮社に碑を立てて、子々孫々に至るまでもご恩を忘れないようにしたい。

（163ページに碑文の原文と訓読文）

日東秦氏之墓。大鼓金春流の家元金春三郎右衛門が建立。前田家に感謝した記念碑

㉙ 立花北枝之墓碑《たちばなほくしし》

（山の上町の心蓮社 ◎地図11ページ）

蕉門十哲《しょうもんじってつ》の一人

山の上町の心蓮社本堂裏手の墓地にある。入り口から少し進むと右手にある。

碑文には「趙《ちょう》北枝之墓」とある。

右手前には「しぐれねば また松風の ただをかず 北枝」の句碑がある。

立花北枝《たちばなほくし》（生年不詳～一七一八）は江戸中期の俳人で蕉門十哲《しょうもんじってつ》の一人。小松出身で、金沢で刀剣研磨を業とした。所居を趙翠台《ちょうすいだい》と言い、趙北枝と号した。芭蕉来訪を機に蕉風《しょうふう》に入門し、越前丸岡まで芭蕉に同行しサポートした。

「趙北枝先生」と刻まれた俳人立花北枝の墓

『山中問答』『蕉門俳談随聞記』などの著書があり、句空《くくう》とともに『卯辰集』を編んだ。歿後、『北枝句集』が出た。享保三年五月十日歿。

墓の手前には句碑が建つ

㉚ 金城霊澤碑《きんじょうれいたく》

（金城霊澤　◎地図12ページ）

金沢の名のルーツがここに

金城霊澤横の鳳凰山の岩屋内にある。嘉永四年（一八五一）建立。金城霊澤は兼六園の南隅にある湧泉で、芋掘藤五郎《いもほりとうごろう》が砂金を洗った所とされ、そこから金沢の地名が起こったとの説がある。昭和三十九年（一九六四）に復元改築された四阿《あずまや》の下に清らかな水が湧いている。

【碑文の大意】

北陸で最も重要な山を白山と称す。その麓の陸地の真ん中にあるのが金沢で、天地の精が漲《みなぎ》り霊秀の気を集め瑞兆《ずいちょう》を顕わし、険固な城を築かれた。

先代（十二代藩主）の斉広《なりなが》公はこれを清国金陵《しんこくきんりょう》の地（南京）になぞらえて金城と名付けられた。城南の地にひそやかに湧き出る冷泉があり、清らかな流れをなしている。昔、藤五郎という人物が、鉄《あらがね》を山で採取しこの流れであらったことによりこの沢を金洗いの沢と称した。

天正年間に利家公がここ尾山の地に移られてより、賢人を招聘《しょうへい》し志ある人材が集まり、庶民も喜んで藩公に帰依し自ずと都会を形成するに至った。文禄年間に都城《とじょう》を開拓し庶民が益々参集し、この流れの名をとって金沢と名付けられた。斉広公の時に隠居所を造営された結果、この池がお庭の中に入ることとなった。斉広公は利家公の草創の業を欽仰《きんぎょう》し、この池に金城霊澤というめでたい称号を賜わった。

今の斉泰《なりやす》公（十三代）はこの市河三亥《いちかわさんがい》に〝金城霊澤〟の扁額を大書するようお命じになり、碑の篆額を手ずから執筆された。この碑の建立によって金城霊澤の勝れた事績が永遠に不朽のものとなることは疑いのないことだ。

（165ページに碑文の原文と訓読文、現代語訳）

金城霊澤碑。金沢の名前のいわれが記されている

金城霊澤の四阿（右）の奥には鳳凰山の岩屋があり、その中に碑がある

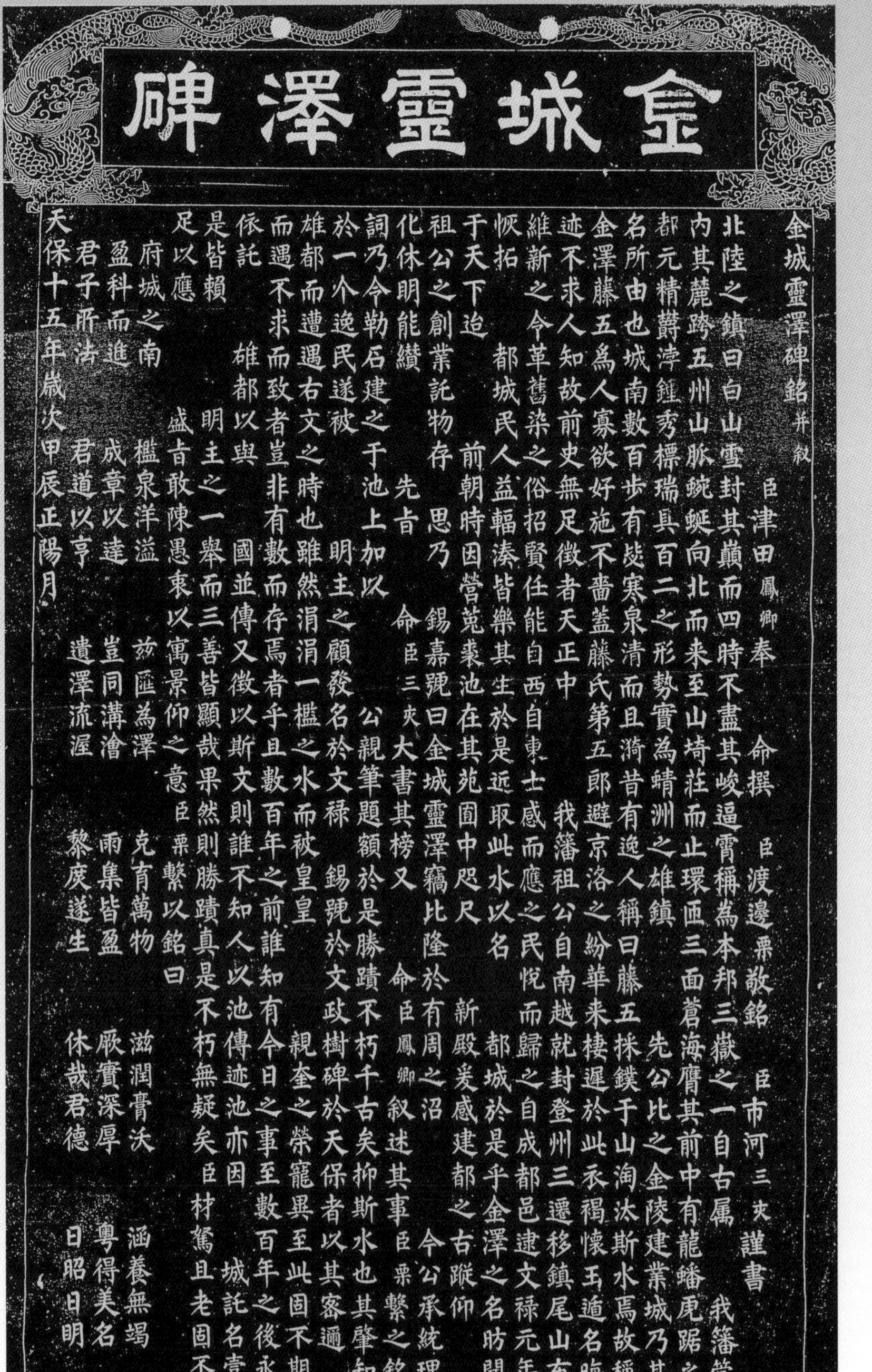

金城靈澤碑

金城靈澤碑銘并叙

臣津田鳳卿奉　命撰　臣渡邊栗敬銘　臣市河三亥謹書

北陸之鎮曰白山靈封其巔而四時不盡其峻逼霄稱為本邦三嶽之一自古屬　我藩管內其麓跨五州山脈蜿蜒向北而来至山埼莊而止環匝三面蒼海膺其前中有龍蟠虎踞之都元精欝渟鍾秀標瑞具百二之形勢實為蜻洲之雄鎮　先公比之金陵建業城乃其名所由也城南數百歩有炭寒泉清而且漪昔有逸人稱曰藤五採鑛于山淘汰斯水焉故稱金澤藤五為人寡欲好施不畜蓋藤氏第五郎避京洛之紛華来棲遲於此衣褐懷玉遁名晦迹不求人知故前史無足徵者天正中　我藩祖公自南越就封登州三遷移鎮尾山布維新之令革舊染之俗招賢任能自西自東士感而應之民悅而歸之自成都邑逮文祿元年恢拓　都城民人益輻湊皆樂其生於是近取此水以名　都城於是乎金澤之名昉聞于天下迨　前朝時因營菟裘池在其苑囿中咫尺　新殿爰感建都之古蹤仰　祖公之創業託物存　思乃　錫嘉號曰金城靈澤竊比隆於有周之沼　今公承統理化休明能纘　先吉　命臣三亥大書其榜又　命臣鳳卿叙述其事臣栗繫之銘詞乃令勒石建之于池上加以　公親筆題額於是勝蹟不朽千古矣抑斯水也其肇知於一介逸民遂被　明主之顧發名於文祿　錫號於文政樹碑於天保者以其審通雄都而遭遇右文之時也雖然涓涓一檻之水而被皇皇　親奎之榮寵異至此固不期而遇不求而致者豈非有數而存焉者乎且數百年之前誰知有今日之事至數百年之後永依託　雄都以與　國並傳又徵以斯文則誰不知人以池傳迹池亦因　城託名壹是皆頼　明主之一舉而三善皆顯哉果然則勝蹟真是不朽無疑矣臣材駑且老固不足以應　盛吉敢陳愚衷以寓景仰之意臣栗繫以銘曰

府城之南　檻泉洋溢　玆匯為澤　克育萬物　滋潤膏沃　涵養無竭

盈科而進　成章以達　豈同溝澮　雨集皆盈　厥實深厚　粤得美名

君子所法　君道以亨　遺澤流渥　黎庶遂生　休哉君德　日昭日明

天保十五年歳次甲辰正陽月

金城霊澤碑の拓本

㉛ 金城霊澤副碑

（金城霊澤　◎地図12ページ）

碑の書き手が拓本賜わり感謝

金城霊澤碑のある岩屋の右壁にある扇型の小さな碑。

金城霊澤碑の字を書いた市河三亥（米庵《べいあん》）が、碑の拓本を賜わったことに感謝して七言絶句五句を賦し副碑とした。

文中には、書の命を受け

「微軀何ぞ幸いなる特命を承く

幾日か思いを凝らし心性を殫《つ》くし

楷書す七百字有餘

恐愧《きょうき》す老筆の端正ならざるを」

と、重責を感じて書に力をつくした様が記されている。

末尾に「天保閼逢（甲）執徐（辰）」の年と記され、さらに「嘉平月朔＝十二月一日」とあり、天保十五年（一八四四）十二月一日の日付。

金城霊澤碑には「天保十五年歳甲辰ニ次《やど》ル正陽ノ月（旧暦の四月）」とあり、副碑は半年ほど後に作られている。

金城霊澤副碑。岩屋の右手壁にある。金城霊澤碑の拓本を賜わった感謝の言葉を書いてある

㉜ 大屋愷𢿙《よしあつ》翁之碑

（金沢神社　◎地図12ページ）

英和辞典、地球儀を製作

金沢神社境内、金城霊澤前の築山に建つ。高い標柱で一番上に丸い珠を二匹の動物が支えているユニークなもの。正面に「大屋愷𢿙翁之碑」と刻まれる。明治三十六年（一九〇三）十一月建立。

大屋愷𢿙《よしあつ》（一八三九〜一九〇一）は洋学者。安政元年（一八五四）から五年の間、京都に遊学。長崎へ留学し英・独・蘭三カ国語、数学、地歴、天文、鋳砲学を修め、金沢壮猶館《そうゆうかん》翻訳方、鋳砲局承事など歴任した。

碑文の大意は、「旧金沢藩士、本姓石沢武一郎で大屋氏を襲いだ。維新後、金沢県文学教師となり、初めて活字版を興して英和辞典を編纂、地球儀を創製した。著した歴史や地誌の本は小学教科に充てられた。また金沢地誌、石川能美両郡町村誌を編纂するなど、金沢の文明の先導者であり、優れた教育者であった」というもの。

（175ページに碑文の原文と訓読文）

大屋愷𢿙翁之碑。碑の上部にあるのは大屋翁が製作した地球儀を模したものと思われる

㉝ 土田南皐《なんこう》翁之碑

（金沢神社　◎地図12ページ）

加賀藩の書家、教育に尽力

金沢神社境内、金城霊澤前の築山にある。

土田南皐は、幕末から明治中期に活躍した加賀藩の書家。『加能郷土辭彙』には「諱は直諒、字は伯温。南皐又は随処と号した。金沢の人。初め書を渡辺茜園に学び、後清の胡兆新に私淑して一家の機軸を出した。（中略）（明治）二十年三月廿二日歿。享年六十六」とある。碑文によれば、南皐は明治元年に卯辰山集学所の教師となり、後、小学校や師範学校及び専門学校の教員となった。「（南皐の）書は、君子の笏《こつ》（しゃくのこと）を正すが如く立ち、武将の軍を麾するが如く進み、春華の曄曄《ようよう》たるが如く、山岳の峭立《しょうりつ》せるが如く、其の変百端、而して人を教うるに循循として序あり、人皆楽しみて教を受く」と、書や教え方の優れていることを述べ、「其の為人《ひととなり》、恬《てん》淡《たん》寡欲、事物を以て縈心《えいしん》せず、暇あれば則ち詩を賦し歌を咏じ以て楽しむ」と記している。

土田南皐翁之碑。加賀藩の書家を讃えた碑だが、摩耗が激しい

㉞田中智学《ちがく》先生兼六名園開題句碑

（金沢神社　◎地図12ページ）

国柱会設立者が来園時に作る

金沢神社参道の右手にある。

田中智学《ちがく》（一八六一～一九三九）は宗教家。江戸生まれ。十歳で日蓮宗の宗門に入り、後に還俗。大正三年（一九一四）国柱会《こくちゅうかい》を組織し、強烈な日蓮主義を標榜した。「八紘一宇《はっこういちう》」は智学の造語であるが、智学自身は戦争を批判している。

この句碑の文と句は、大正十三年の夏、金沢で布教講演の折、兼六園に来園して作った。

末尾に「涼しさや百萬石の水の音」と句が刻まれている。

【訓読文】

水を導き民利を図るは仁なり。母に事《つか》へ清泉を汲むは孝なり。衆と與《とも》に楽しむは和なり。一苑六勝を兼ぬるは智なり。泉石布置の妙は文なり。奇勝、人を鼓舞するは大なり。松平樂翁は曾《かつ》て洛陽名園記に依り兼六の名を命づく。予は更に国體精神に據《よ》りて新たに道義を数え、之の六勝を開題して石を樹つ。説法の一意なり。

田中智学先生兼六名園開題句碑。金沢に布教講演の折、兼六園に来園して作った句

㉟ 木村杏園《きょうえん》の詩碑

（金沢神社 ◎地図12ページ）

石川を代表する日本画家

金沢神社の参道右手、「田中智学先生兼六名園開顕句碑」の後ろに立つ。

木村杏園《きょうえん》（一八八五〜一九五七）は日本画家。金沢市横山町生まれ。幼少より絵を好み、家業の木・石版の下書きを手伝い、金沢在住の南画家大西金陽《きんよう》に師事する。大正十一年（一九二二）帝展に初入選。同十四年（一九二五）京都に移り橋本関雪《かんせつ》に師事。石川県を代表する日本画家として活躍。昭和三十一年（一九五六）には真宗大谷派金沢別院の山門に「昇竜図」を描いた。人間国宝の染色家木村雨山《うざん》は弟。

刻まれた漢詩は

名園兼六一風流
果樹奇花春又秋
四百星霜藩祖徳
錦雲映帯振三州

名園兼六は一、風流
果樹奇花、春に又た秋に
四百の星霜、藩祖の徳
錦雲映帯《きんうんえいたい》し三州に振るう

〔注〕（映帯）景色が美しく映り合う
（三州）加越能の三州

木村杏園の詩碑。日本画家が兼六園を歌った漢詩

㊱ 湯本求眞《ゆもときゅうしん》先生顕彰碑

（金沢神社　◎地図12ページ）

七尾出身、漢方医学復興の父

金沢神社参道左手の庭地に建つ。

碑文には

東西医学　融合統一

と刻まれている。

湯本求眞《ゆもときゅうしん》（一八七六～一九四一）は漢方医学者。七尾市鵜浦《うのうら》の生まれ。金沢医専を卒業後、七尾で医院を開業したが、長女を疫痢で失いそれまで学んできた医学に疑問を持つ。そして和田啓十郎著『医界之鉄椎《てっつい》』に感銘を受け、試行錯誤の中で漢方医学を学び、神戸で漢方医院を開業、大正九年（一九二〇）東京へ移転。昭和二、三年（一九二七、二八）に大著『皇漢医学』第一～三巻を発刊。中韓にも翻訳出版され、日本のみならず中国においても絶滅に瀕した漢方医学復興の父と讃えられ、昭和の漢方の原動力となった。東西医学の融合と統一を提唱した先覚者でもある。

第三十一回日本東洋医学会総会で顕彰碑建立が決定し、昭和五十六年（一九八一）九月、湯本求眞先生顕彰会が顕彰碑を建立した。

碑の裏には銅板がはめられている。

湯本求眞先生顕彰碑。漢方医学復興の父湯本求眞の業績を顕彰している

㊲ 北條時敬《ほうじょうときゆき》先生頌徳《しょうとく》碑

（金沢神社　◎地図12ページ）

四高校長として人材を輩出

金沢神社拝殿の左側に大きな石碑が建つ。昭和五年（一九三〇）の建立。

北條時敬《ほうじょうときゆき》（一八五八〜一九二九）は第四高等学校で、西田幾多郎や木村栄《ひさし》を育てた教育者。金沢市観音町生まれ。東京大学予備門に入学し、東京大学理学部数学科に進み。明治十八年（一八八五）、卒業と同時に石川県専門学校に勤務。同校は第四高等中学校となったが校風が一変したため、辞表を提出して上京した。第一高等中学の数学教師、山口高校校長をへて、明治三十一年（一八九八）金沢に戻り第四高等学校校長となり、「禁酒」を断行するなど綱紀粛正《こうきしゅくせい》に励み、人格陶冶《じんかくとうや》にも力を入れた。その後、広島高等師範学校校長、東北帝国大学総長として初の女子学生入学など多くの教育改革を行った。

碑文の篆額は前田土佐守家の十一代当主前田直行《なおつら》。撰と書は黒本稼堂。

（177ページに碑文の原文と訓読文、大意）

北條時敬先生頌徳碑。四高校長として多くの人材を育てた。篆額は前田土佐守家の11代当主前田直行

明治紀念《きねん》之標《のひょう》

（兼六園　◎地図12ページ）

西南の役慰霊の日本武尊銅像

日本武尊《やまとたけるのみこと》の銅像が「明治紀念之標《めいじきねんのひょう》」と刻した礎石の上に立っている。明治十三年（一八八〇）金沢衛戍《えいじゅ》軍隊の士官、官民並びに東西両本願寺などが協力して、明治十年の西南の役（西郷隆盛らの反乱。明治政府に対する不平士族の最大かつ最後の反乱）における我が郷土戦死者の霊を慰め、且つ功績を記念するために建てられたものである。

「明治紀念之標」の題字。有栖川宮熾仁親王の親書

日本武尊の銅像はその丈五・五メートル、高岡の工人によって作られた日本最古の銅像である。「明治紀念之標」の題字は征討の総督であった有栖川《ありすがわの》宮《みや》熾仁《たるひと》親王の親筆である。

明治紀念之標。日本武尊像は高岡で鋳造された。石柵の内側にはいくつもの石碑が建つ

㊳ 建明治記念標記

（兼六園・明治紀念之標の柵内 ◎地図12ページ）

陸軍中佐が銅像建立の由来記す

明治紀念之標の柵内には数々の碑が建つ。「建明治記念標記」はその中でも最も早く建てられたもの。銅像に向かって右側に建ち、細長い三角形をしている。明治十三年（一八八〇）六月、陸軍歩兵中佐山口素臣の撰文による明治紀念之標建立の由来を記した碑。

明治十年二月に起きた西南の役は、皇軍の八カ月余にわたる奮戦によって平定されたが、石川県から約二千人の将兵が参加し、約四百名が戦死した。明治十三年初頭に本営の将校一同相謀り、これらの英霊を慰め、その功を不朽に後世に伝えんと、金沢公園内に紀念碑を建立する企画を立てた。巨石を積み重ね、その上に日本武尊の銅像を安置するというもので、費用も多額であったが、その後官民、東西本願寺などの協力もあって明治十三年十月に竣工した。

【訓読文】

明治十年二月、西郷隆盛鹿児島にて叛《そむ》き、王師《おうし》（天皇の軍隊）征討す、賊勢頗《すこぶ》る張り、諸将士皆死を冒して奮戦す。九月二十四日に至り、元悪伏誅《げんあくふくちゅう》し、賊徒《ぞくと》悉《ことごと》く平らぐ、而して青燐も亦た野に満てり。此の役や、本営の諸隊、風驅電拂、在る所進勦《しんしょう》し、身を殞《おと》す者寡しと為さず、今歳、本営同隊将校、記念標を金沢公園に於いて建て、以て其の忠魂を慰め、以て其の功を不朽ならしめんと欲し、同志を四方に募る。事、上聞《じょうぶん》し叡慮《えいりょ》之を嘉《よみ》し特に金若干圓を賜わる、乃ち巨石を疊《かさ》ね、上に日本武尊の銅像を置く。蓋し戦死の諸士常に尊の忠勇を慕い、国難を靖《やす》んずるの故を以て之を表するなり。余、近く之を承る。本営司令官金沢へ来り、乃ち余に之を記さんことを請う。

余も亦た軍に在り、諸士戦死の状を追想し、猶ほ今日感愴《かんそう》に堪えず。況《いはん》や今此に国家恩遇の渥《あつ》きと同隊交誼の篤《あつ》きを賜わるにおいてをや。余忠魂の地下に於いて感戴欣躍《かんたいきんやく》するを知る。是れ以て記さざる可からざるなり。遂に之が記を為《つく》る。

明治十三年六月　正六位勲四等　山口素臣

建明治記念標記

㊴ 建明治紀念標碑銘

（兼六園・明治紀念之標の柵内　◎地図12ページ）

県の立場から建立の由来

兼六園、明治紀念之標の柵内、像に向かって右側、「建明治記念標記」の右に立つ四角い形の碑。文面は読みにくい。明治十三年（一八八〇）十月の建立。石川県令・千坂高雅《ちさかたかまさ》の銘文、石川県大書記熊野九郎撰文による、明治紀念標建立の由来を記した碑銘である。

【碑文の大意】

巨石を積み重ね、その上に日本武尊の銅像を安置し、これを「明治紀念標」と題した。これは西南の役に従軍し尊い命をおとされた方々の忠魂を慰め、併せてその功を後世に伝えるためである。この役には県令の千坂高雅も陸軍中佐としてつぶさに惨状を見ているだけに、この標の建立には格別の思い入れがあり、官民挙げての協力を仰いで、ここに竣工を見るに至った。尓今《じこん》（これより）歳事には祭祀を欠かさず行って忠魂を慰め、その功を永く伝えたい。

建明治紀念標碑銘。陸軍中佐として西南の役の戦場を見ている石川県令の銘文による

㊵ 明治紀念碑

（兼六園・明治紀念之標の柵内　◎地図12ページ）

負担者の立場から竣工も記す

兼六園、明治紀念之標の柵内、像の裏側に建つ。明治十三年十月の建立。文は、寄付者、費用負担者の立場から書かれ、建設の詳しい経緯や、同年十月の工事の竣工、六日間にわたって行事が行われ、東西本願寺の法主ほか他宗派のトップも参列し、多くの人が押し寄せたことが記されている。

【碑文の大意】

明治十年九月、西南の役が終結し官軍が凱旋したが、この役に参加した我第七師団の戦死者は四百有余人の多数に上る。そこで卯辰山招魂社に祭ってその忠魂を弔った。

又、金沢師管の所在、軍隊の駐在する所に其の事績を標して其の忠烈を不朽ならしめようと企画され、その資金を、一は隊内の従軍将校各々が醵出するを基本とし、一は有志者より募金することとなり、各担当責任者を決定して募金に着手した。又、官許を得て旧金沢城内鼠《ねずみ》田園《たえん》所在の巨石を累畳《るいじょう》して基礎となし、その上に日本武尊の像

明治紀念碑。日本武尊の銅像の後ろ側にある

を安置することとした。その所以は尊が東夷《とうい》を征《う》って此国に到るや国を挙げて人々が其の軍に加わり以て東征の偉勲《いきん》を祝賀した。日本国名の由来するところで、この尊の忠勇偉烈なる像を仰ぎ、戦死の諸士と共にその威徳を欽慕せんとの願いによる。明治十三年十月遠くより近くより多数の人の参集を得て竣工式が盛大に執行された。

（181ページに碑文の原文と訓読文）

【人名録】

日本武尊像の真裏には、「紀念標日本武尊鋳造竣工年月人名録」の石碑がある。

「明治十三年第七月十九日着手同年第十月十九日竣工」とあり、鋳造師として石川縣下射水郡高岡金屋町（現在の富山県高岡市金屋町）の棟梁七人（藤田治三郎、吉野仁左エ門、小坂六助、金森兵助、金森治助、藤田久平、金森吉五郎）と、鋳造世話人二人（金沢区栄町野村與平、高岡金屋町大源與三右エ門）の名が刻まれている。

日本武尊像を鋳造した高岡の鋳造師の名が記された石

㊶ 東西本願寺法主の歌詩碑

（兼六園・明治紀念之標の柵内　◎地図12ページ）

寄附協力の宗門トップから

兼六園「明治紀念之標」の柵内、銅像に向かって左側に西本願寺二十一世法主《ほっす》大谷光尊《こうそん》（一八五〇～一九〇三）の歌碑が建つ。

大教正光尊

國のためたてしいさをは万世のすゑまでのこれ越のいしふみ

大谷光尊が法主を務めたのは一八七二年から一九〇三年まで。碑陰には明治十三年十一月建立と記されている。

また銅像に向かって右側には、東本願寺第二十一代法主大谷光勝《こうしょう》（一八一七～一八九四）の歌が刻まれた碑がある。

西本願寺21世法主大谷光尊の歌碑

明治十年西南の役に死せし人々の紀念碑にゑりつくへき歌を金澤營所のもとめによりてよめる

大教正　大谷光勝

國のためつゆと消えても武士《もののふ》のなこそ玉とは世にひゝきけれ

大谷光勝は一八四六年から一八八九年まで法主を務めた。

碑には続けて、大谷光瑩《こうえい》の漢詩が刻まれている。

史編歴々美名芳
想見當年血戦場
義氣凛然凝不散
記功標畔月如霜
権大教正大谷光瑩

史編歴歴《しへんれきれき》として美名芳《かんば》し
想い見る当年、血戦場
義氣凛然《りんぜん》として凝《こ》りて散らず
記功標の畔《ほとり》、月霜の如し

大谷光瑩（一八五二～一九二三）は東本願寺第二十二代法主。法主を務めたのは一八八九年から一九〇八年。

東本願寺21代法主大谷光勝の歌と権大教正大谷光瑩の漢詩の碑

㊷ 石川縣戦死士盡忠《じんちゅう》碑

（兼六園・明治紀念之標の柵内　◎地図12ページ）

裏に戦死者の名を刻む

兼六園内の明治紀念之標の柵内、像に向かって左側にある丸い形の碑。西南の役における石川県からの戦死者を悼み、尾山神社境内に建てたものを、後にこの場所に移した。碑陰に戦死者の姓名が刻されている。

【訓読文】

人誰か一たびは死するなけん、死して其の所を得れば死も亦栄《えい》なり。明治十年二月、鹿児島に賊軍起こる、王師、征討し以て之を平定す、其の戦は二月廿二日、肥後の川尻川上に於いて始まり、九月廿四日、薩州城山に於いて終る。月を経ること八たび月を閲《けみ》し、大小百餘の戦、艱苦《かんく》も亦た想う可し。石川縣下の士も王師に従う者、無慮数千人肥・薩・隅・日・豊の間に奮戦し、其の身を致す者三百九十餘名、是れ皆、國あるを知りて身あるを知らざる者、其の忠節は嘉尚《かしょう》す可《べ》きなり。有志の士、其の死節を憫《あわれ》み、相い共に謀り盡忠《じんちゅう》碑を尾山神社内に建て、以て之を祭る。余をして之を記さ使む。其の姓名は則ち碑陰に詳《つまび》らかなり。

明治十一年九月　正三位前田齊泰撰し併せ書す

碑陰には戦死者の姓名が刻まれている

石川縣戰死士盡忠碑
人誰無一死死而得其所死亦榮矣
明治十年二月鹿兒島賊軍起
王師征討以平定之其戰始於二月
廿二日肥後川尻川上而終於九月
廿四日薩州城山經月八閲月大小
百餘戰艱苦亦可想矣石川縣下士
從 王師者無慮數千人奮戰于肥
薩隅日豊之間其致身者三百九十
餘名是皆知有國而不知有身者其
忠節可嘉尚也有志之士憫其死節
相共謀建盡忠碑於尾山神社內以
祭之使余記之其姓名則詳于碑陰
明治十一年九月
正三位前田齊泰撰併書

石川縣戦死士盡忠碑。元は尾山神社の境内に建てられていた

㊸ 崇忠會碑《すうちゅうかい》

（兼六園・明治紀念之標の柵内　◎地図12ページ）

尾山神社から移設される

明治紀念之標の柵内、銅像に向かって左手にある。表面が割れたものを補修してある。明治十九年（一八八六）に尾山神社境内に建立され、後に野田山の碑と合祀し、さらにこの場所に移設された。

　碑文後半で、「当初、賊軍は険しい要害の地に拠って抵抗し勢力強く、これを僅か数ヶ月をもって滅ぼすことができたのは、一に諸士の死を賭しての奮闘の賜物である」と功を讃えている。

【訓読文】

（前半のみ）明治十年二月、西郷隆盛叛く、王師出征し、我が石川縣士の従う者数千人、而して死者三百有餘人。其の明年、某等相い共に醵金《きょきん》し、盡忠碑を尾山神社に建て、其の魂を招き以て祭る。旧藩主、正二位前田公、親しく其の文を撰し、且つ其の擧を嘉《よみ》し、金二百五十圓を賜わる、十六年、某等更に相謀り、遊撃隊戦死碑の野田山に在る者を移し以て合わせ祭り、其の可盡會なる者を改號し、崇忠會《すうちゅうかい》と曰う。事、官に聞こえ、金二十五圓を賜わり、以て祭資に充つ。

崇忠会碑。もとは尾山神社境内に建てられていた

㊹ 松尾芭蕉の句碑

（兼六園内　◎地図13ページ）

奥の細道の途中、金沢で詠む

兼六園、山崎山のふもとに建つ。

あかあかと　日は難面《つれなく》も　秋の風

「奥の細道」紀行の途中金沢で詠んだ句。この句の碑は金沢市内では犀川大橋のたもとや蛤坂の成学寺《じょうがくじ》（野町一丁目）境内にも建つ。

金沢市内に建つ他の芭蕉の句碑は

塚も動け　我が泣く声は秋の風
（野町一丁目・願念寺）

秋涼し　手毎《てごと》にむけや　瓜茄子《なすび》
（寺町五丁目・長久寺）

ちる柳　あるじも我も　鐘をきく
（子来町・宝泉寺）

うらやまし　うき世の北の　山桜
（神谷内・野蛟神社）

兼六園・山崎山の麓にある松尾芭蕉の句碑
「あかあかと　日は難面も　秋の風」

㊺ 振武町田翁寿蔵碑《しんぶまちだおうじゅぞう》

（本多町3丁目の石浦神社　◎地図13ページ）

武術の先生、弟子が建碑

本多町三丁目の石浦神社境内、拝殿に向かって左手に大きな石組みの上に建つ。明治二十五年（一八九二）建立。

【碑文の大意】

人に元気が大切なように、国あれば士気を養わなくてはいけない。農家に生まれた振武町田翁は、十四歳の時に先祖が足利氏の臣と聞いて大いに感憤するところあり、加賀藩士に撃剣術、拳法その他の武術を学んで奥を極めた。門人には驕心《きょうしん》を戒めた。六十歳を過ぎても疲れを見せず、弟子は千五百人余りとなった。今の時代は軽薄になり、武技に励むものもいなくなった。独り翁が発憤して多くの人を教導した。人となりは剛直にして阿《おもね》らず、人と対話すれば聞く者をして奮励の気を起こさしめた。門人は翁の生存のうちに碑を建てた。

振武町田翁壽藏碑。右手に碑文。左手に建碑寄附人の名簿。碑文には、町田翁に武術を教わった門人たちは師が生きているうちに碑を立て、師の恩に報いんとしたと記されている

㊻ 水龍碑

（本多町3丁目の石浦神社　◎地図13ページ）

消防ポンプの恩恵に感謝

石浦神社境内、拝殿に向かって左手、「振武町田翁壽藏碑」の左にある、円形の碑。明治二十一年（一八八八）建立。水龍とは消防ポンプのこと。石川県に消防ポンプが導入されて、以来、火災が減少したと記されている。

【碑文の大意】

本県警察に消防ポンプが導入されたのは明治十一年で、初め沢埜警部がその運用法を宮城・二松両名の者に教え伝習すること数カ月、それ以後は火災が発生するや即刻出動して消火に当たってきた。これを契機に各地各所でポンプを導入、その運用方を余輩をして伝習せしめたので、以来火災が年々減少した。

この様にポンプの恩恵は偉大で、このことを碑に録して南東《たつみ》を治める石浦社の境内に建てて顕彰しようとの計らいで、その撰文を余輩に託された。

凡そポンプには三種の機能がある。曰く、一は提水、二は吸水、三は圧水で、遠く高く水を送るのは圧水の働きによるので、ここに導入したポンプは最も圧水の能力に勝っている。西洋でこれを称して水龍と言う所以である。

このポンプが出現して以来、さしもの火を司る祝融《しゅくゆう》・回禄《かいろく》の神もその猛威を揮《ふる》うことが出来なくなり、その効果は絶大である。よって銘文を綴ってその功徳を頌《たた》える。

（185ページに碑文の原文と訓読文）

石浦神社

水龍碑。石川県の警察に消防ポンプが導入された経緯と恩恵を刻んでいる

㊼ 古《こ》流生《りゅうせい》華《か》家元《いえもと》松盛齋《しょうせいさい》近藤先生碑

（尾山町の尾山神社　◎地図13ページ）

生花の家元を顕彰する

尾山神社境内、神門から入って右手の奥まった所に、石組みの上に建っている。明治二十七年（一八九四）建立。碑文表面は半分ほどが剥落している。

【碑文の大意】

（近藤）先生は、改新して別に理清と号す。明治元年、王師北征、（近藤）先生藩兵を率いて之に従い、功を立てて還る。置県の初め士族に編せられた。江戸藩邸で、余暇に関本理遊に詣り、挿瓶の技を修めた。理遊は松盛《しょうせい》齋《さい》と号し、位は法眼《ほうげん》。俗に古流生花の家元と呼ばれた。（近藤）先生はまた、その子理恩に従い、ことごとく秘訣旧伝を授かった。相阿弥なるものは、東山の同朋《どうぼう》にして才芸多く、挿瓶を以て自ら宗普涼宇と称し、理遊、理恩に伝え、理清先生はついにこれに代わった。多くの弟子に倦まず教えた。（明治）十九年二月二十五日病没。享年七十三。六斗林の龍淵寺に葬られた。先生没して数年、宗匠を嗣承した廣岡理徳、同志と相謀り碑を尾山祠の傍に建てた。

古流生華家元松盛齋近藤先生碑

㊽ 関口先生記念標

（尾山町の尾山神社　◎地図13ページ）

北陸の西洋数学指導のパイオニア

尾山神社の神門を入り右手。特徴あるロケットのような形の碑。明治十八年（一八八五）十二月建立。

関口開《ひらき》（一八四二～一八八四）は現在の金沢市泉町生まれの数学者。加賀藩和算家滝川秀蔵門下にあった兄の手ほどきで和算の才を認められ、滝川門下で和算皆伝《かいでん》を受け、さらに西洋数学を学び、藩算用方などを務めた。

廃藩後は師範学校など県高等教育の教壇に立ち、北陸の西洋数学指導のパイオニアとなった。教え子には北條時敬《ときゆき》、三宅雪嶺などがいる。

独学で英語を学び英数学書を原典とする数学教本を相次いで出版し、『新撰数学』は二十二万部の全国ベストセラーとなった。

【碑文の大意】

先生は泰西数学の精巧深邃なことを知り、欧米大家の著書を繙《ひもと》き推究研磨した。明治二年（一八六九）に始めて洋算教授に抜擢され、また石川県師範学校、石川県専門学校で教職を務めた。維新の始め、泰西数学書を訳する者は極めて少なかったが、先生はホットン、チェンバーの算術書を翻訳し、数々の数学書を世に出した。天は先生に寿命を嗇《お》しみ、わずかに四十三歳で没した。もしあと数年長く生きたなら、成功の果はどれほどだったであろうか。わが県の数学に従事する者幾千人のうち、先生に学ばなかったものはほとんどいない。教えを受けた者が記念碑を建て、このことを不朽に伝えようと思う。

関口先生記念標。北陸における西洋数学指導の先駆者関口開の顕彰碑

㊾ 関沢遯翁《とんおう》之碑

（尾山町の尾山神社　◎地図13ページ）

混乱の中、加賀藩の危機救う

尾山神社東神門（裏門）の南に建つ大きな石碑。明治十七年（一八八四）五月の建立。碑の上部に書かれた篆額は加賀藩第十四代藩主前田慶寧《よしやす》の長男で前田家第十五代当主の前田利《とし》嗣《つぐ》。撰文は安井顕比《あきちか》。

関沢房清《ふさきよ》（職を辞して後は遯翁《とんおう》と称した）（一八〇七～一八七八）は加賀藩士。黒羽織党《くろばおりとう》（幕末期に加賀藩で長連弘《ちょうつらひろ》を中心として構成された政治結社。藩政改革を目指した）の一人。幕末の政治改革の担い手として活躍し、困窮した人の為に私財をも投じた。水産伝習所（東京水産大の前身）初代所長で日本水産業の近代化の礎を築いた関沢明清《あけきよ》（一八四三～一八九七）は二男。

房清は天保十一年（一八四〇）奥村栄実《ひでざね》と意見が合わず職を辞したが、弘化四年（一八四七）割場奉行となり、年寄長連弘を助け藩政を改革した。嘉永七年（一八五四）黒羽織党の失脚で職を解かれ、蟄居《ちっきょ》。安政六年（一八五九）に譴責《けんせき》が解かれ、元治元年（一八六四）蛤御《はまぐりご》門《もん》の変では御所の門を守り、昇格。鳥羽・伏見の戦い、北越戦争にも功をあげた。

碑文では、「房清は伏見の変の時に、幕府軍劣勢の情報を金沢に伝えようと急いだ。小松まで来た時に村井長在《ながあきら》が数千人の兵を率いて幕府を

篆額は加賀藩第14代藩主前田慶寧の長男で前田家第15代当主の前田利嗣

援けるため京に向かっているところに遭遇。状況を教え進軍を思い止めさせようとし、急ぎ金沢に戻って藩主父子に状況を説明。兵の帰還の承諾を得ることが出来、事は治まった」と経緯を詳しく記してあり、房清の行動と判断が、滅亡の淵に足をかけていた加賀藩を救い、藩の処すべき方向が定まったと讃えている。（188ページに碑文の原文と訓読文、大意）

関沢遯翁之碑。幕末の加賀藩に多大の貢献をした

㊿ 海江田一松《かいえだいちまつ》氏之碑

（尾山町の尾山神社 ◎地図13ページ）

汽車で殉職した鉄道人悼む

尾山神社東神門（裏門）の南。「関沢遯翁之碑」の左にある横長の碑。明治三十一年（一八九八）十一月二十七日建立。

碑文によると、金沢駅車長だった海江田一松は、明治三十一年九月十日に列車に駕し、米原駅に赴いた。高月駅を過ぎたところでつまづいて倒れて墜ち、車輪にひかれ右脚を折った。動脈破裂し出血がやまず、翌朝亡くなった。享年二十三。

「君は性温厚沈毅《ちんき》、勉めて倦《う》まず、鉄道局に奉職し、日尚《な》ほ浅きと雖《いえど》も、而して事務敏捷、少しも凝滞《ぎょうたい》せず同僚咸《みな》日《い》う、将来有望にして今則ち已めり、と」と記されている。

金沢駅長らは、鹿児島出身で有能な鉄道人だった海江田一松を悼み謀って碑を建てた。

ちなみに尾山神社の東神門は旧金沢城の二の丸の唐門で、明治三年以来旧卯辰山招魂社前にあったものを昭和三十八年に移築したもの。

海江田一松氏之碑。汽車の車輪に足をひかれ殉職した若い金沢駅車長を悼む碑

5 西南戦争と明治紀念之標

廃藩置県後、多くの士族は経済的に困窮し、反政府の武力闘争が起きた。金沢士族は薩摩勢力に結びつこうと運動し、金沢県の初代長官には薩摩士族の内田政風《まさかぜ》が任じられた。金沢の青年士族たちは西郷派と呼応して政局に参加しようと望みを抱いていた。

一八七七(明治十)年二月に、下野した西郷隆盛が主宰する私学校の生徒が中心となり鹿児島で決起、政府は全国の鎮台(師団)に出兵を命じた(西南戦争)。石川県からは金沢の第七聯隊本部と第一大隊から第三大隊までが参加し、総数は二千人に達した。金沢士族は、旧藩主が説得したため、西郷軍に加担するよりも政府軍への従属が目立った。戦いは政府軍の勝利に終わった。戦死した石川県人は、出兵した兵士の約二割にあたる三九〇余人だった。

西南戦争の挫折後、困窮士族たちは自由民権運動に移行し、金沢の薩摩派士族たちは「忠告社」を結成。そこから分派し三光寺派を結成したのが島田一郎らで、七八(明治十一)年五月十四日、東京・紀尾井町で、登庁途上を狙って石川県士族ら六人が政府の中心であった大久保利通を暗殺した。

西南戦争から三年たった八〇(明治十三)年の初め、陸軍金沢営所の将校や県令、県庁の官吏、宗教家らが協議して兼六園内に西南戦争の戦没者のための記念碑を建造することになり、十月に日本武尊《やまとたけるのみこと》をかたどった巨大な建造物が完成した(石碑㊳〜㊸)。揮毫は征討軍総督に任じられた有栖川宮《ありすがわのみや》熾仁《たるひと》親王で、その弟宮、威仁《たけひと》親王と前田家の慰子《やすこ》(慰姫)が、その二カ月後に成婚している。

51 河波有道先生碑《かわなみありみち》

（尾山町の尾山神社　◎地図13ページ）

製造した捕鯨器で捕獲も

尾山神社東神門（裏門）の南。明治二十五年（一八九二）門弟が建立した。正面に「河波有道先生碑」と大きく刻まれ、碑陰に碑文を刻む。

河波有道《かわなみありみち》（一八二二〜一八九〇）を、『加能郷土辭彙』の記述から抜き書きすると。「初め明倫堂に学んだが、十七歳主家の書物取調係に任ぜられ、余暇書籍を借覧することを許されるに及んで諸子百家に渉り、頗《すこぶ》る得る所があった。弘化四年（一八四七）本多政通《まさひろ》の近《きん》侍《じ》となり、次いで侍読を兼ね、安政五年（一八五八）本多政均《まさちか》に従ひて江戸に赴き、村田蔵六の門に蘭学を学び、明治元年（一八六八）明倫堂助教に任ぜられ、又自ら梅塢塾を開きて塾生に教え、廃藩の後は各種学校に教鞭を取り、塾生を導き、傍ら実業を鼓吹《こすい》し、二十三年九月十四日歿した。年六十九」。

【碑文の大意】

河波有道先生は文政五年生まれ。家は代々加賀藩老臣の本多氏に仕えた。十一歳で近侍となる。安政五年江戸に赴き村田蔵六に蘭語を二年修める。維新後、明倫堂助教に抜擢《ばってき》される。また家塾を開き数千人がその門を出た。物理学、農学、詩文、和歌、修身、体操、習字などを教えたが、中でも力をつくしたのは捕鯨であり、製造した捕鯨器を徳光浜で試み巨鯨を捕獲した。これは我が県の捕鯨の始めである。また薪を三分の一減らすことの出来る竈《かまど》を発明し全国に普及させることに努めた。先生は一世の偉人であり、学問事業の面で世を圧倒する功績は数えることが出来ないほど多くある。

河波有道先生碑。裏面に碑文が刻まれている

㊾野村翁報徳鳥居碑

（尾張町2丁目の市姫神社　◎地図13ページ）

魚商組合長にして大陸航路開く

尾張町二丁目、市姫神社の鳥居をくぐると、右手に大きな碑が建つ。この鳥居を献じた経緯と、野村翁喜一郎について記している。昭和九年（一九三四）八月の建立。男爵前田直行《なおつら》篆額、黒本稼堂撰ならびに書。

【碑文の大意】

野村翁の家は代々藩に魚菜を弁じてきた。翁は長じて海外通商の志を抱く。明治二十三年（一八九〇）、陸軍軍人の荒尾精が日清貿易研究所を上海に設けるや、県は留学生九名を派遣した。異議を唱える学生が出て、難儀した当局から嘱され翁は現地に赴き学生を諭した。その傍ら翁は揚子江の諸港から浦港（ウラジオストク）や朝鮮北部を視察し東亜貿易の路を策した。日露戦争では第九師団で兵営内の売店を営んだ。日本海横断航路の急務を知事に説くも、知事転任で果たせず、その後十年、翁は独力で七尾・伏木・浦港・清津・元山の航路を開いて今に至る。

内においては明治十八年に魚商組合が創立、四十年に選ばれて長となる。大正十二年魚市場の改善を唱え、翌年金沢水産産業組合を設け、十五年株式会社金沢鮮魚問屋を設けた。二十八年間魚商組合長として困難を解決してきた。

組合員は創立五十年の記念日に、野村氏を紀念碑を建てて顕彰しようとしたが、野村氏はそれを辞し、事が成ってきたのはすべて氏神さまのおかげであり、鳥居一基を造って献じてほしいと希望した。組合員はこれを受け鳥居を建てて、その鳥居建立の由来を記したのがこの碑である。

野村翁報徳鳥居碑。篆額は前田土佐守家11代の男爵前田直行。近江町の氏神市姫神社に鳥居を献じた経緯と、魚商組合長を長く務めた野村喜一郎の業績を記している

㊿53 之翁《しおう》先生碑

(此花町の安江八幡宮　◎地図13ページ)

優れた剣術の師範を讃える

此花町、安江八幡宮の境内、拝殿に向かって左手に建つ。

明治二十九年(一八九六)八月の建立。多くの弟子を教えた剣術の師範を顕彰する碑。

【碑文の大意】

南保先生、諱は一豊、通称虎之助、老後、之翁《しおう》と更めた。先祖から医者として藩に仕えてきた。祖父は撃剣《げきけん》を善くするを以て経武館剣術師範となる。祖父が亡くなると先生はその後を継いだ。安政二年に異風組兼鉄砲薬合奉行に班す。慶應三年に銃隊馬廻組に、翌年寄合馬廻組に改む。明治二年老病を以て致仕《ちし》(辞任)す。十八年一月二十日亡。享年七十六。野田山の墓地に葬られた。

先生の演武は鋭気発揚、少壮の者が来撃しても、先生の霊腕早起して直ちにその挙げるところの臂《ひじ》をうち、剣を撃ち下ろすに及ばず、その妙は言葉にできず。遠近から教えを乞う者が訪れ、多くの弟子を教えた。ある日、先生は弟子を戒めて言われた。「武士が道芸を勤めて以て利達を求めれば、忠義は去ってしまい、主君に事《つか》えることができなくなる。大いに反省しなさい」と。維新の前、温敬公《おんけいこう》(前田斉泰)が京都で任に当たっていた時、先生は公につかえもっとも心を尽くした。在職数十年で賞賜ははなはだ多い。

安江八幡宮

之翁先生碑。陸軍少将塩屋方圀の篆額。山岸弘の撰文

㊹玉水寺岡翁退筆塚《ぎょくすいてらおかおうたいひつ》

（天神町1丁目の椿原天満宮）

書道の先生偲ぶ門弟たち

天神町一丁目、椿原天満宮の階段下の境内、右手奥に建つ。明治十二年（一八七九）九月、書家寺岡玉水《てらおかぎょくすい》を偲んで有志と門弟百人余が、その遺筆を納めて建立した。加藤恆撰、佐藤衡書ならびに題額。

【碑文の大意】

玉水翁は書を善くし、椿原学校（現在の材木町小学校）で教授した。翁の没後、門人が私の元に来て、廃筆を椿原神社の側に蔵し、石表に遺愛（故人の遺したいつくしみ）を刻みたいので文を撰してほしいと請うた。私は翁のことをよく知らないので、門人にいろいろ尋ねた。それによると、翁は幼くして高田翰司郎《かんしろう》に学んだ。楷書は端正謹厳、草書は剛《ごう》勁《けい》（意志が固く強い）高逸《こういつ》（並はずれて優れている）。門人は千有余人だが、「鵠《こく》を刻み鶩《ぼく》に類する者（白鳥を彫刻しようとしてアヒルに似る。優れた人に学びある程度近づくこと）」は甚《はなは》だ乏《とぼ》しく、「藍より出でて藍より青い」という飛びぬけて優れたものはほとんどいないという。私は、門人たちに「形を模する者は神を写す能わず、能く神を写す者は形に拘らず」と申し上げ、文を撰することを約束した。

玉水寺岡翁退筆塚。書の先生を偲んで門弟たちがその遺筆を納めて建立した。碑文は、門弟たちが撰者に文を依頼してきた様子などを具体的に描写している

その後、門人は再三訪れ「石ができたのに文がまだです」と訴えた。私は、「諸君の翁を慕う心は甚だしいものだ、その情をもってこれを書に発すれば、翁風を伝えるだけでなく、古の優れた書家のようになれるだろう。翁の教えもこういうことに他ならない。書を諸君に請う者があれば『私は玉水翁の門人です』と言うことが、何にもまして遺愛を表することになる。だから私が文を書くよりもあなた方が書いた方がよいのでは」と断ったが、刻石まで余裕がないのでやむを得ず責めを果たすこととし、銘を印した次第である。翁は姓は寺岡、明治十年十月に歿した。年七十二。

⑮ 月荘《げっそう》碑と真如一實《しんにょいちじつ》之《の》信海《しんかい》碑

（小将町の常福寺門前　◎地図13ページ）

明治を代表する書家北方心泉《きたかたしんせん》

「真如一實之信海碑」

小将町の真宗大谷派常福寺門前に建てられている。北方心泉《きたかたしんせん》の行書で大きく「真如一實《しんにょいちじつ》之信海《のしんかい》」と碑文が刻まれている。親鸞の主著『教行信証』の一節を書いたもので、昭和三十七年（一九六二）北方心泉上人顕彰会が刻し、碑を建てた。

北方心泉（一八五〇〜一九〇五）は金沢市生まれ。明治時代を代表する書家の一人で、自由奔放な書風を打ち立て、篆草合体ともいわれた。心泉は常福寺十四世。一八七七年真宗大谷派が上海別院を設置し、心泉は布教使として渡航し、清の儒者や書家らと交流、北碑の書風を吸収するなど、詩人、書家として大きく成長した。東亜同文書院設立にも尽力し、日本の漢詩人を網羅した大漢詩全集『東瀛《とうえい》詩選』完成にも多大の協力をした。

心泉書丹《しょたん》の碑は、平成十五年末までの調査で、石川県に二十五基、富山県に八基、福井県二基、福島県一基、兵庫県一基の合計三十七基が確認されている。

「月荘碑」

「真如一實之信海碑」の前には、「月荘《げっそう》碑」が置かれている。碑には大きく「月荘」と刻まれる。月荘は北方心泉の別号。

その横に、日下部鳴鶴《くさかべめいかく》の次の漢文が記されている。

辛卯立秋節
梧竹老人作前　梧竹老人前字を作り
字余寫後字　余後字を写す
心泉禪友正腕
鳴鶴日下東作幷識

「月」の字を中林《なかばやし》梧竹《ごちく》、「荘」の字を日下部鳴鶴が書いているとの内容である。

真如一實之信海碑。親鸞の主著「教行信証」の信巻冒頭にある言葉。「つつしんで往相の回向を案ずるに、大信（阿弥陀如来よりたまわった信心）あり。大信心はすなわちこれ長生不死の神方、…真如一實の信海なり。この心すなわちこれ念仏往生の願（第十八願）より出でたり」とある

月荘碑。真如一實之信海碑の副碑。常福寺はもと木ノ新保（現在の本町2丁目）にあり、木ノ新保は昔、加賀倉月荘に属していたので、心泉が雅号にした

㊻ 三宅雪嶺《みやけせつれい》の碑

（新竪町3丁目　◎地図13ページ）

国粋主義唱えた言論人

新竪町三丁目の一角、新竪町小学校の運動場に接する場所に建つ。ここは明治から大正、昭和にかけて言論界で活躍した三宅雪嶺《みやけせつれい》の生家跡で、雪嶺の銅板レリーフがはめ込まれた石が建っている。

三宅雪嶺（一八六〇～一九四五）は、近代日本を代表するジャーナリストであり、哲学者、歴史家。明治二十一年（一八八八）に言論団体「政教社」を結成し、雑誌『日本人』、同四十年に雑誌『日本及日本人』を発行。欧化主義をとる明治政府に対し、母国の良さに目覚めるべきと国粋主義を提唱した。北國新聞でも筆を振るい、主筆の赤羽萬《あかばねまん》次郎《じろう》と友情を結び、郷里へのメッセージを紙面につづった。昭和十一年（一九三六）新竪町小学校に寄付し記念碑が建った。同十八年に文化勲章を受章した。

三宅雪嶺生家跡に建てられている雪嶺の銅板レリーフをはめ込んだ石碑

㊼松平大貳碑《まつだいらだいに》

（野町1丁目の妙慶寺　◎地図13ページ）

禁門の変の責負い自刃した家老

野町一丁目、通称蛤坂《はまぐりざか》にある妙慶寺境内、本堂に向かって右手に建つ大きな石碑。元は野田山墓地にあったが、山側環状道路の工事に伴い同寺に移設された。大正六年（一九一七）の建立。旧加賀藩主前田本家十六代前田利為《としなり》の篆額、横山隆興《たかおき》（尾小屋鉱山の創業者）の撰。脇に主唱者として、横山隆興らの名が刻まれた円形の碑がある。

松平康正《やすまさ》（一八二三～一八六四）通称大弐《だいに》（貳）は、金沢生まれ。幕末の加賀藩の家老。小松城番、御算用場奉行、世子慶寧（後の十四代藩主）の御用人を経て、文久三年（一八六三）に家老職に抜擢される。康正は尊王攘夷論者であったとされる。

元治元年（一八六四）四月、慶寧は長州征伐反対を掲げて朝廷、幕府、長州などの周旋を図るために上洛する。これに先立ち康正は同年二月に上洛し、京都藩邸の統括者として公武の周旋に奔走したが、七月に禁門の変（蛤御門の変。長州藩が形勢挽回のため京都に出兵、京都守護職松平容保《かたもり》の率いる諸藩の兵と宮門付近で戦って敗れた事件）が勃発。この時、慶寧は消極的ながら長州に助力する形で幕府の命に背いて京都守護を放棄し退却。康正も慶寧に従った。（碑文では、長州藩から「万一の場合天皇を近江海津の加賀藩邸に移すので、天皇の車を護衛してほしい」と要請され、慶寧は兵を率いて大津に駐屯していたとなっている）長州藩は敗北し、窮地に立った十三代藩主斉泰《なりやす》（慶寧の父）は、その責任を康正に背負わせた。金沢からの内命を受けた康正は、宿舎としていた近江海津の正行院で切腹し果てた。（以上「ふるさと人物伝」より）

（198ページに、碑文の原文と訓読文、大意）

松平大貳碑。篆額は侯爵前田利為

碑建立の主唱者の名を刻んだ石

6 近代金沢の産業・文化界

一八七一（明治四）年、最後の藩主前田慶寧は東京へ去り、武士経済に依存していた金沢は急激に経済が衰退した。そんな中、輸出用の九谷焼を生産するため旧加賀藩士らが製陶場を興すが、そのもとになったのは青木木米の春日山開窯（石碑㉑）以来の再興九谷の技術力であった。日清戦争後、金沢は第九師団が置かれ、軍都としての道を歩む。出身の軍人には日清日露戦争で活躍した荒尾富三郎（石碑④）がいる。また、激しい誘致合戦後に金沢に創設された第四高等学校は北條時敬《ときゆき》（石碑㊲）ら名物校長のもと、多くの有為の人材を輩出した。

士族授産の目的で始まった金沢の繊維産業は、津田米次郎（石碑⑩）が明治三十年代前半に羽二重用の絹力織機を発明したことなどで、繊維産業や繊維機械生産が発展した。

箔産業も金沢の代表的な産業であるが、箔業祖記功碑（石碑⑳）で分かるように、藩政期からの隠れた積み重ねや、三浦彦太郎（石碑⑨）による電動箔打ち機開発が発展を支えた。

金沢および石川は、文化面でも多くの人物を輩出しており、作家の泉鏡花（石碑③）、徳田秋声（石碑①、⑮）、哲学者の西田幾多郎（石碑②）、反戦川柳作家の鶴彬（石碑⑭）、漢方中興の祖の湯本求眞（石碑㊱）、評論家の三宅雪嶺（石碑56）、書家で僧侶の北方心泉（石碑55）らがいる。

㊽ 楳原《うめばら》君之碑

（野町1丁目の妙慶寺　◎地図13ページ）

若くして亡くなった石川県官吏

野町一丁目の妙慶寺境内右手、松平大貳碑の左にある。

明治二十一年（一八八八）四月の建立。篆額は当時の石川県知事岩村高俊。

梅原（楳原）政允（一八四三～一八八六）は明治初期の石川県官吏。

【碑文の大意】

君、諱は政允、加賀金沢藩前田公の大夫、前田美作守家臣小林政挙の第二子。出でて梅原氏をつぐ。幼いころから和漢書に通じ優秀であった。十七歳の時、江戸で海軍に従事することを望んだが家庭の事情で果たせなかった。明治三年、東京で福沢氏の塾に入り洋学を攻め傍ら銃法を学び、数年で帰郷した。六年、石川県十五等出仕、十四年六等屬に転じ、金沢区長に任じた。新政年猶お浅く区を治めるのは難しかったがゆえに君を選んだのである。十七年収税長となる、十九年奏任官五等に叙せられる。この年、流行病にかかり四十三歳で没した。

梅原氏を継ぎ義母が亡き子の忌に泣くのを見て、君はその手を取り慰めた。義母は微笑んで「一子を失いて一子を得たり。我又何ぞ悲しまん」と言った。没後友人たちが相謀り一石表を妙慶寺門前に建てた。

楳原君之碑。篆額は石川県知事岩村高俊

㊾関先生之墓

（寺町4丁目の立像寺　◎地図13ページ）

関孝和慕う武士が建立

寺町四丁目の立像寺境内、本堂に向かって右手に墓がある。正面には「關先生之墓」と刻され、側面に碑文が刻まれている。観音院の「算聖関先生之墓」と同じく、安政四年（一八五七）の和算家関孝和《せきたかかず》の百五十回忌に記されたものであるが、観音院が町人によるものであるのに対し、これは武士の同好の士によるものである。

【訓読文・抄】

（先生は）宝永戊子《つちのえね》の十月二十四日歿す。江都牛籠の浄輪寺に葬る。先生は子無く姪を養いて嗣と為す。新七と称し、之を久しくして嗣《あと》絶ゆ。人、其の墓を知る莫《な》し。寛政年間、同行の人探ねて其の墓を得、乃ち合い資《はか》りて墓碑銘を建つ。是に於いて先生の令名、精業復た世に燦然《さんぜん》たり。今茲、百五十回の忌辰に丁《あた》り、吾が曹、其の道を私淑する同志、相い謀り、石に勒《ろく》し其の名を不朽にすと云う。

立像寺境内にある関先生之墓。武士和算愛好家が百五十回忌に建てたもの

⑥⓪ 都賀田《つかだ》茂穂《しげほ》先生紀功碑

（長坂町の大乗寺参道わき ◎地図119ページ）

撃剣の教授、心泉の篆額で

長坂町の大乗寺へ上る参道右手にある黒い石碑。明治三十四年（一九〇一）五月の建立。

碑文は

石川縣警察部撃劍教授
都賀田茂穂先生紀功碑
　明治卅四年五月同郷北方蒙篆額

と刻まれる。北方心泉独特の篆体《てんたい》で書かれている。「撃」の字が「繋」と誤記されているが、物事に余り拘泥《こうでい》しない故か、そのまま彫られている。

碑陰に上村要次郎による識文が記されている。

【訓読文】

都賀田《つかだ》君茂穂《しげほ》は旧高知藩士、為人《ひととなり》、票健《ひょうけん》（行動がすばやくてたくましい）、剣を善くす。明治十八年、石川県の撃剣《げきけん》（剣術）教授と為り、爾来十有七年間恪勤《かくきん》（職務に忠実に励む）懈《おこた》らず、齢年耳順《じじゅん》（六十歳の異称）を踰《こ》ゆること二にして較技益々勁捷《けいしょう》（すばやくて力強い）、荘者も及ぶ可からず。業を受くる者、前後して一千四百三十餘人、其の子弟を裨益《ひえき》すること鮮少ならざるなり。是に於いて知友門人胥《あ》い謀り、碑を建て以て其の功を紀し、諸を不朽に傳えるなり。

都賀田茂穂先生紀功碑。北方心泉独特の篆体で書かれている

61 西《にし》田《だ》憑《ひょう》次《じ》郎《ろう》墓

（野田山墓地　◎地図119ページ）

西田幾多郎が撰した戦死の弟

野田山墓地内、管理事務所から前の路を西に進むと右手にある。

正面には「陸軍歩兵大尉従七位勲五等功五級西田憑《ひょう》次郎《じろう》墓」と刻まれる。

石川県宇ノ気町（現かほく市）出身の哲学者西田幾多郎の弟の墓で、碑側面の碑文には、幾多郎自らの撰文で弟の軍歴を淡々と綴っている。『西田幾多郎全集』第十三巻には「余の弟西田憑次郎を憶ふ」との一文がある。そこには「余の弟は亦同じ目的の為に某地背面山頭の露と消え去ったのである」「余が骨肉の情已《や》まんと欲して已む能はざる者ありて挙げていふべき程の事もなき弟の一生なれども描き筆に記して涙ある同胞が一片の同情を乞はんとするのである」との記述がある。

碑文は漢文で書かれており、憑次郎が士官学校を卒業して、陸軍歩兵少尉、中尉となり日露戦争に出兵。「（以下訓読文）（明治三十七年）七月十九日柳樹屯ニ上リ、二十六日ヨリ三十日ニ至リ安子嶺《あんしれい》、徐家屯《じょかとん》ノ間に転戦ス。是ニ於イテ我ガ軍、旅順塞《りょじゅんさい》ヲ囲ミテ之ヲ攻ム、三十一日弟遂ニ焉《ここ》ニ加ハル、八月二十一日我ガ軍盤竜山《ばんりゅうざん》砲台ヲ攻メ、弟亦タ焉《これ》ニ与《あずか》ル。翌日、陸軍歩兵大尉ニ進ム。二十四日望台ヲ攻メ、身ヲ挺シテ進ム、飛丸額《ひたい》ヲ貫キテ歿ス、年三十二。弟ハ明治六年加賀国河北郡森村ニ生マレ、予ヨリ少《わか》キコト三歳ナリ」との内容が記されている。

野田山墓地

墓の側面には西田幾多郎の撰による漢文が刻まれている

西田憑次郎墓。西田幾多郎の弟憑次郎は、陸軍軍人であり、32歳で日露戦争で戦死した

㉂ 得一館《とくいつかん》西村先生墓
(野田山墓地)

加賀藩の天文暦学者

野田山墓地内に建つ。場所は中割と呼ばれる所、山側環状道路側に沿った麓の細い道を、東の方向に進むと、十六番の石の観音像が立っている。そのわきの道を山に向かってしばらく登ると右手にある。墓石は割れ、金属の板で鉢巻のように縛ってある。

西村太冲《たちゅう》(一七六七〜一八三五)は越中城端出身の加賀藩天文暦学者。遠藤高璟《たかのり》や石黒信《のぶ》由《よし》らに天文暦学や測量の最新観測機器と理論をもたらし、ともに十二代藩主斉広《なりなが》時代に金沢町測量や十九枚絵図作成、時刻制度の改正に携わるなど、他藩に類例を見ない正確で緻密な事業に貢献した。(北國新聞社刊「ふるさと人物伝」より)

右側面から背面、左側面にかけて碑文が刻まれている。

【碑文の大意】

先生は、農家に生まれ天文学を志したが、生計を立てるのは難しいと京都で医学を学んだ。傍ら天文学において名の知られた西村遠《とお》里《さと》の門に入り暦を学んだ。師が亡くなり門人たちは先生に後を継ぐことを請い、先生は西村氏を継いだ。さらに測量に詳しい大坂の麻《あさ》田《だ》剛立《ごうりゅう》の門に入ろうとし、認められなかったが、何度も許しをこう。剛立はその熱心さに感じ入り入門を許し、数年でことごとく奥義を伝えた。寛政十一年（一七九九）に明倫堂で天学を講じた。十二年居を京都に移すことを願い出たが許されず。文政四年（一八二一）医員格となり天文暦象のことを掌《つかさど》る。毎年、加越の気節を測り、略暦を造って之を公府に献じた。

得一館西村先生墓。加賀藩の天文暦学者西村太冲の墓。明倫堂助教の大島桃年の撰

63 竹久夢二《たけひさゆめじ》歌碑

（湯涌荒屋町の薬師堂）

愛人と温泉に逗留した夢二

湯涌温泉の薬師堂境内にある竹久夢二の歌碑

湯涌荒屋町の薬師堂境内に立つ。竹久夢二《たけひさゆめじ》（一八八四～一九三四）は岡山県出身の画家で詩人。その美人画は夢二式と呼ばれて明治末から大正にかけて大いに流行した。大正六年（一九一七）九月、夢二は愛人の笠井彦乃《かさいひこの》と、この湯涌の地に逃避行し山間の湯に旅情を慰めた。「寂しくはあれど山のたたずまい雲のゆきかひ、朝夕眺めて飽くことを知らず」と記し、しばらく逗留した。

薬師堂は夢二が湯涌に逗留の際に彦乃とよく訪れた場所。

碑には「湯涌なる　山ふところの　小春日に　眼閉じ死なむと　きみのいふなり」の歌が刻みこまれている。

昭和五十六年（一九八一）に湯涌温泉観光協会が建立した。

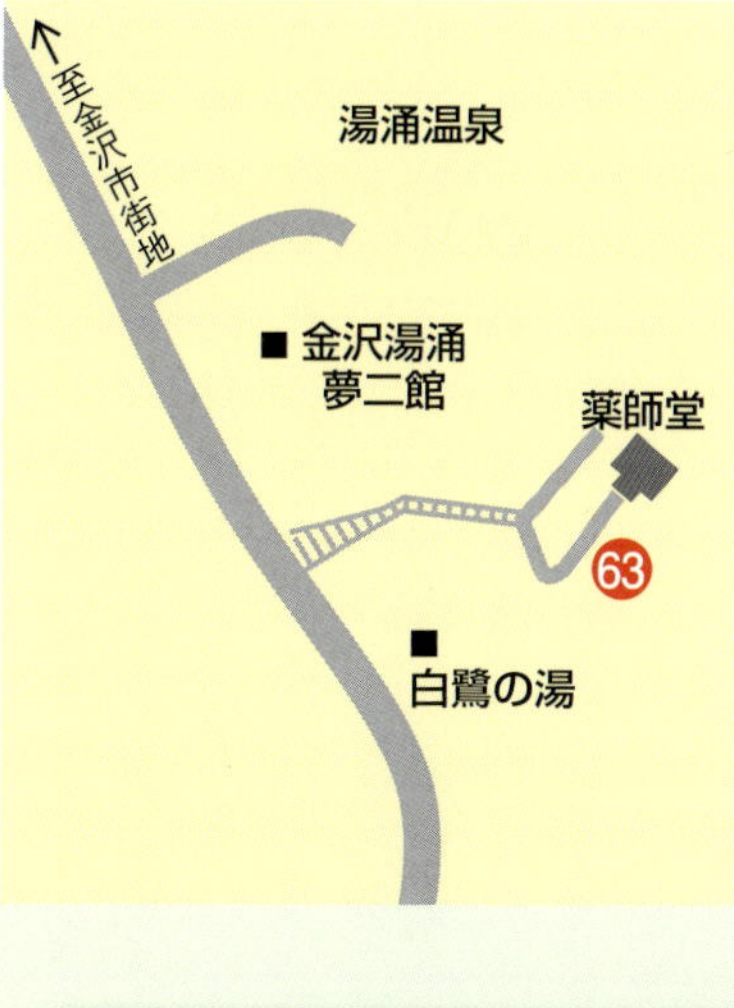

㊽ 聖徳太子霊像出土之處碑

（俵原町）

太子の姿が出たと人押しかける

金沢市北部、深谷《ふかたに》温泉から山間部に入った俵原町《たらわらまち》の熊野神社に向かって左横の山の斜面を斜めに少し上った所にある。正面には

聖徳太子霊像出土之處

と刻む。

左側面(向かって右)には

延徳年間本村道場九右衛門霊夢ヲ感シ此地ヲ掘リ太子ノ尊像ヲ得後延享年間子孫亦夢ニ依テ像ヲ木津正樂寺ニ移ス今現ニ該寺ニ安置スト云尓《しかいう》

右側面(向かって左)には

明治廾八年八月常福寺心泉謹書

俵原村信徒建之

とある。

延徳年間(一四八九～一四九一)に村人が霊夢を見て地面を掘ったら聖徳太子の尊像が出土し、延享年間（一七四四～一七四七）に子孫がまた夢のお告げでその像を木津の寺に移したということを、明治二十八年(一八九五)に「出土の所」と碑を建てたもの。書は北方心泉《きたかたしんせん》。

この碑が立って三十一年後の大正十五年(一九二六)にある変異が起き、この碑は当時一躍有名になった。同三月十三日付北國新聞には、「この石碑正面にいつの間にか聖徳太子の姿が出現したという噂に近郷はもちろん、遠く列車を利用して森本駅や津幡駅から山道を歩いて一目霊像を拝せんと善男善女が連日多数押しかけ、道場では小屋掛けまでしてこれに対処した」との内容が記され、記事中では、霰の日に津幡駅から悪路を歩いて辿り着いた記者が、青苔の生えていない楕円形の部分が白く見えるのが太子の姿と言われているとレポートしている。

碑文を書いた心泉も、さぞ草葉の蔭で苦笑してこれを眺めたことであろう。

碑の側面には、室町(戦国)時代に聖徳太子の尊像がこの地から掘り起こされたことが記されている

聖徳太子霊像出土之處碑。北方心泉の書。大正15年にこの碑の表面に聖徳太子の姿が出現し、山中まで多くの参拝者が訪れたという

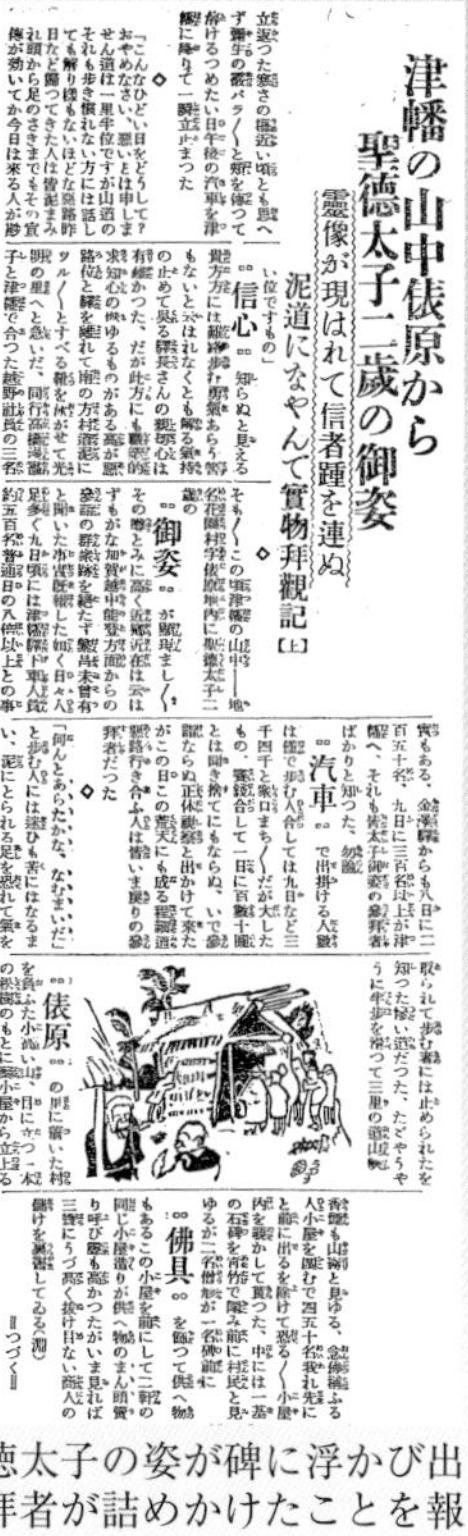

津幡の山中俵原から
聖徳太子二歳の御姿
靈像が現はれて信者踵を連ぬ
泥道になやんで實物拜觀記【上】

信心

御姿

汽車

俵原

佛具

=つづく=

聖徳太子の姿が碑に浮かび出て参拝者が詰めかけたことを報じる当時の北國新聞(大正15年3月13日付)

65 天保義民之碑《てんぽうぎみん》

（西念1丁目の金沢駅西中央公園）

年貢米の減免願い出て流刑に

西念一丁目の金沢駅西中央公園内に建つ。明治三十年（一八九七）の建立。加賀藩に年貢米の減免を願い出て、越中・五箇山《ごかやま》への流刑に処せられた農民たちの名誉を回復するために建てられた。「天保義民之碑《てんぽうぎみんのひ》」の文字は農民たちを義民と讃えた勝海舟《かつかいしゅう》の書。撰文は明治から大正にかけて活躍した仏教学者で大谷大学学長を務めた南條文雄《ぶんゆう》。石碑の上の鳳凰が向くのは農民たちが流された五箇山の方角である。流刑に遭った人たちの「鳥になって帰りたい」、地元に残った人たちの「鳥になって五箇山の様子を見に行きたい」との思いを託しているという。

天保九年（一八三八）、凶作にあえぐ西念新保村、下安江村、南新保村の村民約十五人が、近郊の二十八カ村を代表して加賀藩に年貢米の減免を願い出た。しかし、藩は哀訴を年貢上納を拒む行動とみなし、翌年、肝煎《きもいり》ら村役の十五家族計百十三人を五箇山の田向《たむかい》（現在の富山県南砺市田向）への流刑処分とし、田地や家財も没収した。

五箇山に流された一団は、集落内に限って出歩ける平小屋に収容され、硝煙作りに従事

した。弘化四年（一八四七）に石川郡に帰されるまで十六人が亡くなった。
（204ページに碑文の原文と訓読文）

天保義民之碑。農民たちを義民と讃えた勝海舟の書

碑の側面に碑文が刻まれる。撰は南條文雄。上部には鳳凰の彫刻が乗っている

⑯ 銭屋五兵衛《ぜにやごへえ》の句碑

（金石北2丁目の金石銭五公園）

海商銭五の銅像の前に

金石北二丁目の金石銭五公園には、高い台座に立つ銭屋五兵衛《ぜにやごへえ》翁銅像、その前に銭屋亀《き》巣《そう》（五兵衛の俳号）の句碑がある。「ふる雨をふもとにみるやゆふ紅葉」の句が刻まれている。

銭屋五兵衛（一七七三〜一八五二）は宮腰《みやのこし》（現金沢市金石地区）の小さな商家に生まれ、十七歳で家督をつぎ、三十九歳の時に中古船で海運業を始めた。五十三歳で隠居後、加賀藩重役との交際が深まり、持船は十〜十五艘に増え、藩内屈指の海商となった。嘉永二年（一八四九）、三男が河北潟での新田開発を計画するも難工事が続き、さらに河北潟で魚類が大量変死した事件の首謀者と疑われ、銭屋一族が逮捕・投獄され、五兵衛は無実の罪で獄死した。

金石銭五公園内に建つ銭屋五兵衛の銅像。はるかに海を眺めている

銭屋亀巣（五兵衛）の句碑

金石町小
66
金石北
金石銭五公園
本昌寺
あけぼの
北口
秋葉神社
専長寺
金石西
三丁目
寺中町北
金石中
金石
西警察署前
至金沢市街地

卯辰山のその他の碑

卯辰山には本文中で取り上げた以外にも様々な碑がある。

綱村流水歌碑　（医師・俳人）	一九六六年建立	花菖蒲園
招魂社跡記念碑	一九三七年建立	招魂社跡地
北越戦争の碑		招魂社跡地
井並長太翁の像（一八七一～一九三一　畜産業）	一九五八年建立	覚林寺
日蓮上人銅像（一二二二～一二八二）	一九一八年建立	善妙寺
西村公鳳句碑（俳人・会社役員）	一九六四年建立	玉兎ヶ丘
殉職警官の碑	一九三三年建立	玉兎ヶ丘
殉職消防団員之碑	一九三五年建立	卯辰山運動場の上
由比勘兵衛塚（前田利常の家臣）		卯辰山相撲場の南
相撲場記念碑	一九八一年建立	卯辰山相撲場入り口
殉難豊川女子挺身隊員世界平和祈願像	一九六二年建立	卯辰山相撲場奥の高台

岡良一顕彰碑（一九〇五～一九九四　医師・政治家）　一九八〇年建立　望湖台
北方心泉書碑（一八五〇～一九〇五　僧・書家）　一九六二年建立　望湖台の北
島田逸山顕彰碑（一八九七～一九五九　写真業）　一九六〇年建立　専光寺東山廟所駐車場
深川仁太郎氏碑（一八二九～一八八七　飲食業）　一九三七年建立　専光寺東山廟所駐車場の東
三雲塚（三俳人の句碑）　一九三四年建立　専光寺東山廟所駐車場
高村右暁筆塚（一八六七～一九五四　画家）　小坂神社入り口
開道記念碑　一九二六年建立　小坂神社入り口
芭蕉巡錫地記念碑　一九四九年建立　小坂神社階段
森下冬青句碑（染絵工・川柳作家）　小坂神社階段
塩田紅果句碑（弁護士・歌人）　一九五四年建立　小坂神社階段
狐庵馬仏句碑　観音院
中村芝加十郎墓（　～一八七〇　芝居役者）　観音院
田中雨人句碑　一九六六年建立　観音院
竹内菊園句碑（　～一九四五　俳人）　一九三九年建立　観音院
桜井梅室句碑（一七六九～一八五二　俳人）　一九五九年建立　宝泉寺
柳陰軒跡碑　鶴屋句空（俳人）　宝泉寺

❖ コラム ❖

中国の石碑について

抑々《そもそも》「石碑」という語は『後漢書《ごかんじょ》・儒林傳序《じゅりんでんじょ》』に「嘉平四年（一七五）霊帝が諸儒に命じて五經《けい》（易・詩・書・春秋）を定め、これを古文《こぶん》・篆《てん》・隷《れい》の三体によって石碑に刻ませ、天下の模範とした」とあるに依る。爾来《じらい》、中国では数多の名碑が建てられているが、その中で最も人口に膾炙《かいしゃ》し、王羲之《おうぎし》が碑帖にも書している「曹娥碑《そうがひ》」に学んでみたい。浙江省の杭州と寧波の中間に上虞《じょうぐ》という県城があり、曹娥江に臨んでいる。漢安二年（一四三）五月、此処に住む曹盱《そうぐ》が年中行事の伍子胥《ごししょ》の霊を迎える逆濤《ぎゃくとう》に参加して溺死したが、その死体が上がらず、時に十四歳の娘曹娥は十有七日間河畔に父を求めて哀號《あいごう》し遂に自身も江に身を投じてしまった。ところが五日後に娘の死体が父の屍を抱いて江辺に浮かび上がり、当時の人々はその娘の孝心を讃えたという。県長の度尚《たくしょう》が其の義を悲憐し、弟子の邯鄲淳《かんたんじゅん》に死を悼む誄辞《るいじ》を作らせ、これを碑に刻したのが「曹娥碑」である。漢議郎《かんぎろう》の蔡邕《さいよう》がこの碑を尋ね、その碑文に心打たれ、碑陰に「黄絹幼婦外孫虀臼《こうけんようふがいそんせいきゅう》」の八字の隠語を刻してこの碑を讃えた。

『世説《せせつ》新語・捷語』に魏武曹操《ぎぶそうそう》が楊修《ようしゅう》を伴って此の碑を尋ね、この碑陰の八字の意味に就き二人で考えたところ、楊修は即刻に理解したが、曹操は三十里歩いた後、漸々理解したという逸話が載っている。即ち、「黄絹」は色の糸で「絶」、「幼婦」は少《わか》い女《むすめ》で「妙」、「外孫」は女《むすめ》の子で「好」、「虀臼」とは辛いものを擣《す》る臼のことで、辛を受けるで「辤」。四つをつなげると「絶妙好辤（この上ない素晴らしい言葉）」という賛辞となる。文字の国らしい謎語である。

資料編

④精忠報國の碑

（碑の紹介は20ページ）

精忠報國

聯合艦隊司令長官從三位勳一等功四級海軍大將東郷平八郎篆額
第三艦隊副官荒尾君富三郎本姓堀田氏加賀金澤藩士出襲荒尾氏資性孝友既長以誠愨爲人所推始學於師範學校去入海軍兵學校孜孜不懈頭角漸露業成明治二十一年十一月任海軍少尉二十五年一月爲軍艦松嶋回航員赴佛國二十七八年之役以軍艦筑波航海長從征累進任海軍中佐日俄之役興以第三艦隊副官爲我幕僚任旅順封鎖對馬海峽哨戒等之事日本海之戰君與殊有功尋樺太攻略軍之占領南樺太君在艦隊亦參之鞅掌劇務往往至廢寢食適病轉横須賀鎭守府附視事僅二日而歿時明治三十八年七月十九日享年三十八此日朝廷叙功四級賜金鵄勳章竝叙勳三等賜旭日中綬章又特旨叙從五位葬東都青山塋域君生父勇次郎奉儒學擢爲藩文學以授徒義父岬以數學著辟爲海軍水路部出仕遷家東都有二女皆夭養兄銀次郎次子顯次郎爲子嗣後君既歿建碑於其郷里乃爲作傳係以銘銘曰　純忠盡瘁　斃而後已　龍山麻水　芳烈千祀

明治三十八年乙巳十二月
第三艦隊司令長官　正四位勳二等功四級海軍中將　片岡七郎撰
第三艦隊參謀長　正五位勳三等　海軍大佐　齋藤孝至書

〈訓読文〉

聯合艦隊司令長官從三位勳一等功四級海軍大將東郷平八郎篆《てん》額《がく》第三艦隊副官荒尾君富三郎、本姓堀田氏、加賀金澤藩士なり。出でて荒尾氏を※襲《おそ》う。※資性《しせい》※孝友《こうゆう》なり、既に長じ※誠愨《せいこく》を以て人の推す所と為り始め師範學校に学び、去りて海軍兵學校に入る。※孜孜《しし》として※懈《おこた》らず、頭角漸く露わる、學成りて明治二十一年十一月海軍少尉に任ぜらる。二十五年一月軍艦松嶋の※回航員《かいこういん》と為り佛國に赴く。二十七八年の役に軍艦筑波の航海長を以て征に從う。累進して海軍中佐に任ぜらる。日《にち》※俄《お》の役興るや第三艦隊副官を以て我が幕僚と為り、旅順封鎖、對馬海峽の※哨戒《しょうかい》等の事に任ず、日本海の戰に君與《あずか》りて殊に功あり、尋《つ》いで樺太《からふと》攻略軍の南樺太を占領するや、君艦隊に

〈注釈〉

〔襲〕継承する。
〔資性〕生まれつきの性質。
〔孝友〕父母に事えて孝順、兄弟に対し友愛。
〔誠愨〕誠実なさま、「愨」もまことの意。
〔孜孜〕勤勉につとめ励むさま。
〔懈〕心がたるんで事をおろそかにする。
〔回航〕諸方をまわる航海。
〔俄〕俄羅斯《オロス》の略。ロシア。
〔哨戒〕敵の攻撃や異変に対し、見張りをして警戒する。

在りて亦之に參ず、劇務を※鞅掌《おうしょう》し往々にして寝食を廢《はい》するに至れり。偶々《たまたま》病みて横須賀鎮守府附視事に轉《てん》ず、僅《わず》か二日にして歿す。時に明治三十八年七月十九日、享年三十八なり。此の日朝廷は功四級に叙し金鵄勲章を賜わり、並びに勲三等に叙し旭日中綬章を賜い又特旨にて従五位に叙し、東都青山※塋域《えいいき》に葬らる。君の生父勇次郎は儒學を奉じ擢《ぬきん》ぜられて藩文學と爲り以て徒に授く。義父岬は數學を以て著わる。※辟《め》されて海軍水路部出仕と爲る。遷りて東都に家《いえ》す。二女あり皆夭《わかじに》す。養兄銀次郎、次子顯次郎子と爲りて後を嗣ぐ。君既に歿し碑を其の郷里に建つ、乃ち爲に傳を作り、係《つな》ぐに銘を以てす。銘に曰く。

純忠※盡瘁《じんすい》　斃而後已※龍山《りゅうざん》
※麻水《ますい》　※芳烈《ほうれつ》※千祀《せんし》

明治三十八年乙巳十二月

第三艦隊司令長官　正四位勲二等功四級海軍中将　片岡七郎撰

第三艦隊參謀長　正五位勲三等　海軍大佐　齋藤孝至書

〔鞅掌〕忙しく働くさま。

〔塋域〕墓地。

〔辟〕官職に召される。

〔盡瘁〕気力・体力を尽くして努力する。
〔龍山〕臥龍山の略、卯辰山を指す。
〔麻水〕浅野川のこと。
〔芳烈〕立派な手柄。
〔千祀〕千年。「祀」は年の意。

⑤安達幸之助碑

（碑の紹介は22ページ）

安達幸之助碑

安達君諱寛栗通稱幸之助本姓中宮氏金澤藩士也爲人剛直夙篤志學及壯攻
洋籍遊東京入村田藏六塾専講兵書學成還藩教授書生生徒滿門名震一藩明
治二年奉　　命西上學兵學二等教授寓於伏見練兵場同年九月四日以公
事訪兵部大輔大村氏於西京旅館大村氏即藏六也此夜會有賊逼刺大村氏君
在座抜刀當賊力闘數刻衆寡不敵終被創斃焉時年四十有七
朝廷愍焉賜賻若干金使少將鷲尾氏率兵隊護葬於東山遠近傳以爲榮也嗚呼
天付斯人以斯才又令斯人罹此災者獨何耶蓋有生者必有死現耗數年之齡而
遺身後於千載之名者非天不空其死乎故知君在壒埃之表不敢怨天尤人者也
君配山内氏有一男三女男名基實襲家少頗穎悟好學精敏亦足以見過庭之訓
長女適同藩士原正忠門人具狀來徵余墓誌因叙其略銘曰　才學維通　命數
茲窮　窮通天也　命窮名通
明治三年庚午歳秋九月初四日建

海舟勝義邦撰文
鳴鵞福田群書丹

〈訓読文〉

安達君は※諱《いみな》寛栗《ひろかた》、通称幸之助、本姓中宮氏、金澤藩士なり、※爲人《ひと、なり》剛直、※夙《つと》に篤《あつ》く学に志し、壯に及び※洋籍を攻《おさ》め、東京に遊びて※村田藏六の塾に入る。専ら兵書を講じ学成りて藩に還り書生を教授す。生徒門に滿ち名一藩に震《ふる》う。明治二年命を奉じて西上す。兵学二等教授に擧げられ、伏見練兵場に寓す。同年九月四日公事を以て※兵部大輔《ヒョウブタイフ》大村氏を西京旅館に訪《たず》ぬ。大村氏は即ち藏六なり。此の夜 會《たまたま》賊あり、逼《せま》りて大村氏を刺す。君は※座に在り刀を抜きて賊に當たる。力闘數刻、衆寡敵せず終に創《きず》を被りて斃《たお》る。時に年四十有七なり。

朝廷焉《これ》を※愍《あわれ》み※賻《ふ》若干金を賜い少將鷲尾氏をして兵隊を率い東山に護葬せしむ。遠近傳えて以て榮と為すなり。嗚呼、天は斯の人に付すに斯の才を以てし又斯の人をして此の災に罹《か》らしむるは獨《ひと》り何ぞ耶。蓋《けだ》し生ある者は必ず死あり。現に數年の齡を※耗《へら》して※身後に※千載《せんざい》の名を遺《のこ》すは、天其の死を空しくせざるに非《あら》ざる乎。故に君は※壒埃《あいあい》の表

〈注釈〉


〔諱〕死んだ人の生前の名。

〔爲人〕人柄。

〔夙〕早くに。

〔攻㆓洋籍㆒〕西欧の書籍を攻《おさ》める。

〔村田藏六〕（一八二四～一八六九）大村益次郎は初め村田藏六と称した。陸軍の創立者。周防出身。緒方洪庵に蘭学を学び、長州藩の軍事指導者として戊辰戦争などに活躍。一八六九（明治二）年兵部大輔。兵制改革を企てフランス式軍制を採用。守旧派の反対にあい、暗殺された。（『広辞苑』より）

〔兵部大輔《ヒョウブタイフ》〕兵部省次官。

〔在坐〕その場に居合わす。

〔被㆑創斃〕創《きず》を受けて斃《たお》れる。

〔愍〕憐愍《レンビン》する。

〔賻〕葬儀を助ける金品。

〔耗〕減ずる。

〔身後〕死後。

〔千載〕千年。非常に永い年月を言う。

に在りても敢えて天を怨み人を尤《とが》めざるを知る者なり。君、山内氏を配して一男三女あり、男は名基実、家を※襲い少《わか》くして頗《すこぶ》る※穎悟《えいご》、学を好みて※精敏、亦た以て※過庭《かてい》の訓《きん》を見るに足る。長女は同藩士原正忠に適《ゆ》く。門人狀を具《つぶさ》にし来りて余に墓誌を徴《もと》む。因って其の略を叙す。銘に曰く、　才学維《こ》れ通じ　命数茲《こゝ》に窮まる　窮通は天なり。命は窮まるも名は通ず。

明治三年庚午《かのえうま》歳秋九月初四日建　海舟勝義邦撰文し、鳴鷲福田群書丹す。


〔壗埃之表〕石碑を指す「壗埃」は〝ほこり〟。

〔襲〕継承する。

〔穎悟〕才知が優れて賢いさま。

〔精敏〕物事に通じて賢いさま。

〔過庭之訓〕「庭訓《テイキン》」。〈論・季氏〉…〝鯉趨而過庭、曰、學詩乎、對曰、未也、曰、不學詩無以言也。鯉退而學詩、他日又鯉趨而過庭、曰、學禮乎、對曰、未也、不學禮無以立、鯉退而學禮、聞斯二者。〟孔子が庭を走り抜けようとした長男の鯉を呼びとめて、詩や礼を学ぶことを言い聞かせた故事。

⑥卯辰山招魂社碑

（碑の紹介は24ページ）

明治紀元戊辰　兵部卿　純仁親王奉

勅師諸藩兵從越後進以討奥越之亂我藩亦出兵二十小隊礮十八門相共戮力掃蕩
奥羽從閏四月至十月爲日二百十有餘日其間戰鬪大者數十小者不可勝數而我
兵死者一百三人傷者二百二十六人矣奥之爲地也亂山突兀勢如波濤越後則據
山限海多要害兵皆必死勇氣百倍有火攻憤激者有犯至險出至難疾戰颷擊奪壘
陷陣者有身被傷痍敢進遂斃乎銃者其餘勞苦患難不可具狀然而旌旗所嚮
天威赫然賊尋治平　官乃賜祭諸藩戰死之士於越後新發田城及新潟以慰其魂
吾藩士亦與焉越今茲庚午冬十二月藩勒戰死者姓名於石建諸卯辰山上又創之
廟曰顕忠知藩事前田公慶寧殊捨米一千苞以爲祭資且以爲恒典其所以褒顕忠
良者無所不至死其如此可謂有餘榮矣嗚呼方其亂鬪紛紜之際父子兄弟猶且不
能相救援則於其死安得封其屍樹其土乎其或有之亦隔在數十百里窮山濱海之
區而爲風雨霜露所侵壊爲之子孫者無由乎臻其地以致弔則将何以慰其幽魂雖
然死而有靈乎其忠勇義烈之氣未曾散滅凛然永以保衛邦國者未有不来饗於此
廟也則其所以歳時奉祭焉者盖亦有以也哉
明治三年歳次庚午冬十二月上浣建
金澤藩文學教師　金子惺謹撰、佐藤衡謹書

〈訓読文〉

※明治紀元戊辰《つちのえたつ》、兵部卿純仁親王は勅を奉じ、諸藩の兵を帥《ひき》いて越後従《よ》り進みて以て奥越の乱を討つ。我が藩も亦た兵二十小隊、※礟《ほう》十八門を出し、相い共に※力を戮《あわ》せて奥羽を掃蕩せり、閏《うるう》四月従り十月に至る。日、二百十有餘日為《た》り、其の間の戦闘の大なる者数十、小なる者は数うるに勝《た》う可からず、而して我が兵は死者一百三人、傷者二百二十六人なり。奥の地為《た》るや※乱山突兀《らんざんとっこつ》して勢は波濤の如し、越後は則ち山に據《よ》り海を限り要害多し。兵は皆必死、勇氣百倍、火攻《ひぜめ》あり憤激せる者、※至険《しけん》を犯し至難に出でて※疾戦颷撃《しっせんひょうげき》、壘を奪い陣を陥《おとしい》るる者あり、身に傷痍《しょうい》を被《こうむ》るも敢えて進み遂に斃《たお》れる者あり、其の餘の勞苦患難は具《つぶさ》に状《の》べる可からず、然して※旌旗《せいき》の嚮《むか》う所、※天威赫然《てんいかくぜん》として賊尋《つ》いで治平せり。官は乃ち諸藩戦死の士を越後の新發田《しばた》城及び新潟に賜祭《しさい》し以て其の魂を慰む。吾が藩士も亦た焉《これ》に與《あずか》る。越えて※今茲庚午《こんじかのえうま》冬十二月、藩は戦死者の姓名を※石に勒《ろく》し、諸《これ》を卯辰山上に建て、又、之の廟を創り※顕忠《けんちゅう》と曰う。※知藩事《ちはんじ》の前田公慶寧は殊に

〈注釈〉

〔明治紀元戊辰〕一八六八年
〔礟〕「砲」に同じ。
〔戮力〕力を合わせる。
〔乱山突兀〕山の峰が幾重にも重なり合い高く突き出ているさま。
〔至険至難〕極めて険しく困難なさま。
〔疾戦颷撃〕はやてやつむじ風のように敵を素早く襲撃する。
〔旌旗〕軍旗。
〔天威赫然〕天子の威光が盛大に輝くさま。
〔今茲庚午〕一八七〇（明治三）年。
〔勒石〕石に文字を刻む。
〔顕忠〕褒めて功績を明らかにする。
〔知藩事〕一八六九年の版籍奉還以後、従来の

米一千苞《ぽう》を捨て以て祭資と為し、且つ以て※恒典《こうてん》と為す、其の忠良者を褒顕《ほうけん》する所以《ゆえん》は至らざる所なく、死も其れ此くの如くんば餘榮ありと謂う可きなり。嗚呼、方《まさ》に其の乱闘《らんとう》※紛紜《ふんうん》の際は父子兄弟も猶ほ且つ相救援する能わず、則ち其の死に於いて安くんぞ、其の※屍《しかばね》を封じ、其の土に樹《う》えるを得ん乎《や》。其れ或いは之れあるも亦た隔《へだ》つること数十百里、※窮山濱海の區に在りて、風雨霜露の侵壊する所と為り、之れが為、子孫たる者其の地に臻《いた》り以て弔を致すに由《よし》なければ則ち將《ま》た何ぞ以て其の幽魂を慰めん、然りと雖《いえど》も死して霊あり、其の忠勇義烈の氣は未《いま》だ曾《か》つて散滅せず、※凛然《りんぜん》として永く以て邦國保衛する者、未だ此の廟に来り※饗《う》けざるはあらざるなり。則ち其の※歳時《さいじ》に焉を奉祭する※所以《ゆえん》の者、蓋《けだ》し亦た以《ゆえ》あるかな。

明治三年※歳庚午に次《やど》る冬十二月※上浣《じょうかん》に建つ

金澤藩文學教師　金子惺謹みて撰し、佐藤衡謹みて書す

藩に置いた長官。旧藩主をそのまま任命した。七一年の廃藩置県で廃止。

〔恒典〕恒例の祭典。

〔紛紜〕紛争、動乱。

〔封樹〕土を堆積して墳墓を造り、その上に樹を植え飾りとする。

〔窮山濱海之區〕山や海に遮られた僻陬（へきすう）の地。

〔凛然〕厳然として人に畏敬の念を起こさせるさま。

〔饗〕祭礼に供した供えものを受ける。

〔歳時〕一定の季節を言う。

〔以〕理由。

〔歳次庚午〕「歳」は・歳星・即ち木星。黄道上を約十二年周期で移動するため、これに十二支を当てて年を表す。「次」は宿る意。この場合は庚午（かのえうま）の干支に相当するのでこのように言う。

〔上浣〕上旬。唐代官吏が十日毎に休んで沐浴したことによる。

⑧退筆塚

（碑の紹介は30ページ）

退　筆　塚　記

大凡書字必頼管城子石虚中易玄光楮知白數君子但虚
中經數世而無恙玄光雖磨滅歸盡尚托光烈於楮倶傳之
千載矣若夫鈎挑丿乀之點畫飛龍騰蛇之體勢大則斯道
之蘊奥古今之隆替小則訟愬之曲直錢穀之期會以至事
物之瑣碎莫非管城子之功而其損壞尤亟而夥也及心挫
頭禿退隠黙處人莫知之者猶大和元氣行於四時而無専
氣民莫能名焉夫褒功酬勞爲邦家之典刑則其心挫頭禿
者豈可任其黙處退遜而委諸草芥糞壤中哉是所以有退
筆塚之設也肇此擧者誰吾金澤筆工松村金七也其志未
果而没其子忠清今茲戊辰請　官受地數歩于景雲臺
神廟下而築塚立石且也欲使學書者蒙
菅公神靈之冥助矣嗚呼忠清可謂善繼父志述父事者也
嘉其擧與志爲之記者誰北海雕蟲生高澤達也

明治元年戊辰九月　高澤達撰　市河三亂書并篆額

〈訓読文〉

大凡《おおよそ》字を書くには必ず※管城子《かんじょうし》・※石虚中《せききょちゅう》・※易玄光《えきげんこう》・※楮知《ちょち》白《はく》の諸君子に頼る。但し、虚中は数世を経ても恙《つつが》なく、玄光は磨滅して歸盡《きじん》すと雖《いえど》も、尚も※光烈《こうれつ》を楮《ちょ》に托して倶《とも》に之《これ》を千載《せんざい》に傳《つた》う。若《も》し夫《そ》れ、※鈎跳ノ乀《かぎはねへつふつ》の點畫《てんかく》、※飛龍騰蛇《ひりゅうとうだ》の體勢《たいせい》、大は則《すなわ》ち斯道《しどう》の※蘊奧《うんのう》、古今の隆替、小は則ち、※訟愬《しょうそ》の曲直、※銭穀《せんこく》の※期会、以て事物の瑣砕《ささい》に至る管城子の功に非ざるは莫《な》し、而して其の損壊尤《もっと》も※亟《すみ》やかにして夥《おびただ》しきなり。心挫《しんくじ》け頭禿《ち》びるに及び、※退隠黙處《たいいんもくしょ》して人知る莫《な》きは、猶《なお》、※大和の※元氣四時に行われて、※専氣無きも民※能く名ずる莫きがごとし。夫《そ》れ功を褒め勞に酬ゆるは邦家の※典刑爲《な》れば則《すなわ》ち、其の心挫け頭禿びたる者、豈《あ》に其の黙處退遜《もくしょたいそん》するに任《まか》せて而して諸《これ》を草芥糞壌《そうかいふんじょう》の中に委《ゆだ》ねん哉《かな》。是れ退筆塚の設ある所以《ゆえん》なり。此の擧《きょ》を肇《はじ》むる者は誰ぞ。吾《わが》金澤の筆工松村金七なり。

〈注釈〉

〔退筆塚〕「退筆」とは筆先の禿《ち》びた筆。それを納める塚。

〔管城子〕筆の別称。

〔石虚中〕硯の別称。

〔易玄光〕墨の別称。

〔楮知白〕紙の別称。

（夫々擬人化した呼称。宋・蘇易簡の『文房四譜』による。）

〔光烈〕偉業。

〔鈎挑ノ乀〕漢字の筆形。鈎は筆法の「かぎ」「亅乚。挑は筆法の「はねあげ」／。ノは筆法の「右へのはらい」「掠《リャク》」又は「撇《ヘイ》」。乀は筆法の「左からのひねり」「磔《タク》」又は「捺《ナツ》」。

〔飛龍騰蛇〕筆勢の形容。

〔蘊奧〕學問・藝術の奥義。

〔訟愬〕裁判所に訴える。

〔銭穀〕金銭と穀物の会計。租税。財政の管理を指す。

〔期會〕年度の会計。官府に於ける財物の出納。

〔亟〕すみやか。

其の志未だ果さずして没す。其の子忠清、※今茲《こんじ》戊辰《ぼしん》、官に請いて地数歩を景雲台神廟下に受けて、塚を築き石且《せきしょ》を立つるなり。書を学ぶ者をして菅公神霊の冥助を蒙《こうむ》らしめんと欲するなり。嗚呼《ああ》、忠清や善く父の志を継ぎ、父の事を述べる者と謂う可《べ》きなり。其の學と志を嘉《よみ》し、之の記を爲す者は誰ぞ、北海の※雕蟲生《ちょうちゅうせい》高澤達なり。

明治元年戊辰九月　高澤達撰し、市河三亂書並びに篆額す。

〔退隠黙處〕官を退いて静かに隠居する。
〔大和〕「太和」。天地間冲和の氣。陰陽が会合し調和する氣。
〔元氣〕宇宙自然の氣。
〔専氣〕天地万物の根元となる元気が固守される意。
〔莫シ二能ク名ル一〕言葉で充分に言い表わせない。
〔曲刑〕昔からのきまり。
〔今茲〕今年。
〔雕蟲〕つまらぬ技能しかない人物（謙譲語）。

⑪日本中國友誼《ゆうぎ》團結の碑

（碑の紹介は36ページ）

日本中國友誼團結の碑

（表面）

日本中國友誼團結

〈裏面〉

溟渤常教一葦航誰期
兄弟鬩於墻而今凱光流天
壌共掃妖氣淨八荒

一九六五年初夏
郭　沫　若

〈釈文〉

溟渤常教一葦航
誰期兄弟鬩於墻
而今凱光流天壌
共掃妖氣淨八荒

〈訓読文〉

※溟渤《めいぼつ》常《つね》に※一葦《いちい》をして航《こう》せしむ
誰《たれ》か期《き》せん※兄弟《けいてい》の墻《かき》に鬩《せめ》ぐを
※而今《じこん》※凱光天壌《がいこうてんじょう》に流《なが》る
共《とも》に妖氣《ようき》を掃《は》いて※八荒《はっこう》を淨《きよ》めん

〈大意〉


大海原は常に一艘の小舟でも渡ることが出来る。

まして中国と日本は一衣帯水の間にあり、古来繁く往来し友好を深めてきた兄弟にも比すべき間柄であった。それな

〈注釈〉


〔溟渤〕溟海と渤海。多くは大海を指す。

〔教〕…をして…せしむ。ここでは使役を表わす動詞。

〔一葦〕小舟の代称。出典は《詩・衛風・河廣》〝誰謂河廣・一葦航之。〟孔頴達の疏、一葦は一束を謂う。之を水上に浮かべて渡る。桴筏《いかだ》の如きもの。一本の葦には非ず。

〔兄弟鬩於墻〕《詩・小雅・常棣》〝兄弟鬩於墻・外禦其務。〟（兄弟が垣根の中で喧嘩をしても、一旦外部から侮りを受けると、協力してこれをふせぐ）の意。

〔而今〕今や。

〔凱光〕穏やかな平和の光。

〔八荒〕八方荒遠の地。

のに、この両国が骨肉相争うようになろうとは、誰が想像し得たであろうか。

しかし今や、不幸な日中戦争も終わりを告げ、穏やかな平和の光が天地に漲《みなぎ》りつつある。

さあ、お互いに力を合わせて両国の友好恢復を妨げる動きを一掃し、世界の隅々にまで平和を齎《もたら》しめよう。

（三田良信・訳）

⑲金沢大学屍体解剖の塚・碑・墓

（碑の紹介は49ページ）

解剖遺骸之碑

中教正島地黙雷篆額

石川縣金澤醫學校長兼金澤病院長田中信吾撰　野﨑近彝書

金澤醫學校教諸生肄解剖術例用罪囚刑死者屍自明治三年始至今所解剖凡二十餘人頃者教授諸生等相議以其有利於我醫學也謀建一碑記之以慰剖者之靈囑余撰文蓋古之建碑勒文者或表其功業高當時或記其徳澤垂後世要其足以裨世益民者而後刻諸金石以傳不朽也未聞功徳無足傳而徒爲建碑勒文者焉矧其爲刑餘之罪骸乎雖然刑者國法也罪而至刑其罪盡矣其罪既盡而復取以解剖者非其罪也不特非其罪而且資其遺骸以驗我醫術俾醫術致其巧而察病之方得其要則其罪在生前而其利在死後則建碑勒文之擧豈其徒乎抑醫學之行我國久矣而其所謂學者率墨守神農仲景之舊套而不能通格物窮理之要至如解剖術則往往不仁視之斥以爲屠者之業醫術之不振可知已近来西學之風普及邦内凡百學術一變舊習於是乎格物窮理之法爲醫學要務而解剖之術始盛行于世今在我校所解剖者固不爲多而學者得由此廣其知精其技資以通格物窮理之要者爲不少焉異日醫術大進使闔縣之民免疾疫夭蚤之艱以全其天年者未必不由于此也則其於裨世益民豈淺淺哉抑吾聞之昔者聖王有掩骼之政賢者垂瘞旅之文夫骼與旅不問其何如人惟我心惻隠即爲掩之瘞之并爲文以弔之況乎此解剖者明明有利於

我醫學并有利於世之病者安得以其生前之罪而遂没其死後之利也哉
余承乏校長與諸子同意故爲叙其由而記之
明治十六年十月建石

〈訓読文〉

金澤医学校の教諸生は解剖術を※肄《なら》うに、罪囚刑死者の屍《しかばね》を用いるを例とし、明治三年自《よ》り始めて今に至るまで、解剖せる所凡《およ》そ二十餘人なり。※頃者《さきごろ》、教授諸生等相議し、其の我が医学に利あるを以て一碑を建て、之《これ》を記して以て剖者の霊を慰めんことを謀《はか》り、余に撰文を嘱す。蓋《けだ》し古《いにしえ》の碑を建て※文を勒《ろく》する者、或いは其の功業当時に高きを表わし、或いは其の※徳澤《とくたく》後世に垂るを記し、其の以て※裨《ひ》世益民《せいえきみん》するに足るを要し而して後、諸《これ》を金石《きんせき》に刻し以て不朽に傳《つた》うるなり。未だ功徳《くどく》傳うるに足る無くして徒《いたづ》らに建《けん》碑勒文《ぴろくぶん》を為すを聞かざるなり。矧《いわ》んや其の※刑餘の罪骸《ざいがい》の為にをや。然《しか》りと雖《いえど》も刑は国法なり。罪にして刑に至れば

〈注釈〉

〔肄〕学習する。
（碑面には「肆」と刻しあるも、明らかに誤字也。因って訂正す。）
〔頃者〕先頃。
〔勒文〕文を彫り込む。
〔徳澤〕恩恵。
〔裨世益民〕世の人の役に立つ。
〔刑餘之罪骸〕刑罰を受けた人の骸《むくろ》。

其の罪盡《つ》きたり。其の罪既に盡きて復《ま》た取りて以て解剖するは其の罪に非《あら》ざるなり。特《たゞ》に其の罪に非ざるのみならずして而して且つ、其の遺骸に資《よ》りて以て我が医術を驗《ため》し、医術をして其の巧を致し而して病の方《ほう》を察し、其の要を得しむれば、則《すなわ》ち其の罪は生前に在りて其の利は死後に在り。則ち碑を建て文を勒するの擧は実に其れ徒《いたづ》らならんや。

抑ゝ《そもそも》医学の我が国に行わるゝや久し、而して其の所謂《いわゆる》学者は率《おゝむ》ね※神農《しんのう》※仲景《ちゅうけい》の※舊套《きゅうとう》を墨守《ぼくしゅ》して※格物窮理《かくぶつきゅうり》の要に通ずる能《あた》わず、解剖術の如きに至りては則ち往々にして不仁視の斥《そしり》以て※屠者《としゃ》の業と為す。医術の不振なる知る可《べ》し。已《すで》にして近来、西学の風邦内に普及し、※凡百《ぼんひゃく》の学術、舊習を一變す。是に於いて乎《や》、格物窮理の法を医学の要務と為し、而して解剖の術始めて世に盛んに行わる。今や我が校に在りて解剖する所のもの固《もと》より多きと為さず、而して学ぶ者は此れに由り其の知を広め、其の技を精《くわ》しくし、資《よ》りて以て格物窮理の要に通ずる者少なからずと為《な》す。異日、医術大いに進み、※闔県《ごうけん》の民をして疾疫《しつえき》※夭蚤《ようそう》の艱《かん》を

〔神農〕伝説上の帝王、医薬の神とされる。
〔仲景〕漢末の著名な医学家。張機の字（あざな）。
〔舊套〕昔からそのまゝの形式、やり方。
〔格物窮理〕事物に本来備わる理を窮め、それに拠って事物を正しく処理すること。
〔屠者〕家畜を屠殺して肉や皮を採ることを職業とする人。
〔凡百〕さまざまな。
〔闔縣〕県全体を言う。
〔夭蚤〕「早夭」。若死にすること。

免《まぬが》れしめ、以て其の※天年を全うする者、未だ必ずしも此に由らざるなり。則ち、其の裨世益民《ひせいえきみん》に於ける豈《あ》に浅浅ならん哉。

抑《そもそも》ゝ吾れ之を聞けり。昔、聖王に※掩骼《えんかく》の政あり、賢者に※瘞旅《えいりょ》の文を垂るゝを。夫《そ》れ、骼と旅は其の人の何如《いかん》を問わず、惟《たゞ》、我が※心惻隠《そくいん》すれば即ち、為に之を掩い、之を瘞《うず》め并《あわ》せて文を為《つく》りて以て之を弔す。況《いわ》んや此の解剖者は明明として我が医学に利あり。并《あわ》せて世の病者に利あり。安《いづく》んぞ其の生前の罪を以て其の死後の利を没せんや。余、※承乏《しょうぼう》、校長と諸子と意を同じくす。故に為《ため》に其の由を叙して之を記す。

明治十六年十月、石を建つ。

〔天年〕天から受けた寿命。

〔掩骼〕野晒しになっている屍骨を埋葬する。《礼記・月令》孟春之月、掩骼埋胔。「胔」は腐肉。

〔瘞旅文〕明・王陽明の作。陽明が龍場に謫居した時、京吏某父子及び僕の三人が途上に斃死せるを憐れんで、丁寧に埋葬して作った弔辞を指す。

〔惻隠心〕他人の不幸を憐み、同情する心を言う。仁の本源也。

〔承乏〕官吏が自分の任官を謙遜して言う。

㉓春日山少彦名命《すくなひこなのみこと》廟《びょう》碑

（碑の紹介は56ページ）

春日山少彦名命廟碑

日東之國山椒水濱有祠廟者何限蓋自非其流澤之施化之大庇乎斯民也逾深益遠者安得亘乎百世而食民之祭使其仰敬而欲報其本反其始乎哉金城之東有山稱曰春日乃置春日神廟以鎭焉天明某年建少彦名命廟于其側蓋古昔而來祀爲救災疾之神也乃吾　藩故侍醫丸山氏以其家舊所匪之像奉安於斯焉云寛政丁巳今祝開高井氏修造其祠宇都内業醫者自邇而遐亦皆從而祀焉歳時或爲賽神會几所禱請照答影響胡然而恊也良温嘗謂古之能祭者採毛于澗溪沼沚挹水于潢汙行潦蓋誠心作乎中而禮意形乎外有若是焉矣爾夫報德效忠敎化所先莫斯之美神之所以降祜者殆是以歟温之宗兄義郷欽崇斯神也舊矣今將紀山石以表忠誠命温屬文系以頌辭曰

閟宮伷兮　于彼高岡　采蘋采藻　禮敬是將　降斯祉福　敷錫无疆

无災无害　俾壽而臧　明允神德　于曷其忘　於乎永世　繹思有常

寛政十二年冬十二月中浣　金澤　隠醫　藤田義郷建

明倫堂學士員河合良温撰

〈訓読文〉

※日東《にっとう》の国、※山椒《さんしょう》※水濱《すいひん》に祠廟《しびょう》あるは何の限《さだ》めぞ。蓋《けだ》し其の※流澤《るたく》の※施化《せけ》に非《あら》ざれば、之の大庇《だいひ》によるならん乎。斯の民や、逾《いよいよ》深く益《ますます》遠き者は安《いづく》んぞ百世に亘《わた》りて食民の祭りを得んや。其の仰敬《ぎょうけい》をして其の※本に報じ、其の始めに反るを欲せしむ哉。金城の東に山あり称して春日と曰う。乃ち春日の神廟を置き以て焉《これ》を鎭めるなり。天明の某年に、少彦名命《すくなひこなのみこと》の廟《びょう》を其の側に建つ。蓋し古昔而来《こせきじらい》、祀《まつ》りて災疾を救うの神と為すなり。乃ち吾が藩の故侍医丸山氏、其の家に舊《ふる》く所匜《しょぞう》の像を以て斯に奉安すと云う。※寛政丁巳《ひのとみ》の今、祝開し高井氏、其の祠宇を修造す。都内の医を業とする者、迩《ちか》く自《よ》り而して遐《とお》きも亦た皆、従って祀る。歳時或いは賽神會の為に凡そ※禱請《とうせい》する所に※照答し、影響は※胡然として※恊《かな》うなり。良温嘗って謂へり。古《いにしえ》の祭りを能くする者は、※毛《もう》を※澗溪沼沚《かんけいしょうし》に採り、水を※潢汙行潦《こうおこうろう》に挹《く》む、蓋し誠心中に作《な》り而して禮意外に形《あら》わる、是の若く有らん爾《のみ》、と。夫れ、報徳、效忠、教化の先んずる所、

〈注釈〉

〔日東〕日本。
〔山椒〕山頂。
〔水濱〕水辺。
〔流澤〕流布恩澤。
〔施化〕教化を施す。
〔報本反始〕天地や祖先など、根本の恩にたちかえり、謝意を表わすこと。

〔寛政丁巳〕寛政九年（一七九八）

〔禱請〕祈り求めること。
〔照答〕天が徴兆を示して人の祈りに応答する。
〔胡然〕何故か知らずに。
〔恊〕調和する。
〔毛〕祭祀に用いる水草。
〔澗溪沼沚〕谷川と池塘。
〔潢汚行潦〕溜り水とにわたずみ。

斯の美神の祐《さいわい》を降す所以《ゆえん》の者は、殆んど是《こ》の以《ゆえ》莫《な》からん歟《か》。温の宗兄義郷、斯の神を※欽崇《きんすう》するや舊し。今將《まさ》に山石に紀《しる》し以て忠誠を表わさんとし、温に文を屬《しょく》するを命ず、系《つな》ぐに頌辞《しょうじ》を以てし曰《い》う。

※閟宮《ひきゅう》侐《しずか》なり、彼の高岡に于《ゆ》き　※蘋《ひん》を采《と》り藻を采る。礼敬是れ將《すす》む。斯《こゝ》に祉福を降し、敷錫疆《かぎ》り无《な》し、災无く害无し、壽をして臧せしむ、※明允《めいいん》なり神徳、曷《いずくん》ぞ其れ忘れん、於乎《あゝ》永世に、※繹思《えきし》常あり。

〔欽崇〕敬い尊ぶ。

〔閟宮〕神廟。
〔蘋藻〕浮き草と水草。祭祀に供えるもの。
〔明允〕聡明でまことがあるさま。
〔繹思〕事理をたぐり求めて回想すること。

㉔算聖關先生之墓《さんせいせき》

（碑の紹介は58ページ）

算聖關先生之墓

先生諱孝和號自由俗稱新助本姓内山氏襲關氏
爲人穎敏超邁尤精數術及長天文律暦莫所不通
一時令名天下轟人稱爲算聖寶永五戊子十月二
十四日卒葬于江都牛込淨輪寺白駒過隙今茲已
百五十回於是其末流宮庄友勝及門人等相与合
資立碑使芳名奮于百世云

安政四丁巳歳初冬

本都機

福久屋儀三郎　能登屋仁三郎
小沢與太夫　西念村仁三郎
四日屋仁三郎　野村屋鐵三郎
吉井亮之助
坂田平太郎
越中屋文太郎
和泉屋伊右エ門

〈訓読文〉

先生、諱《いみな》は孝和《たかかず》、號は自由、俗に新助と稱す。本姓は内山氏、關氏を襲う。爲人《ひととなり》※穎敏超邁《えいびんちょうまい》、尤も數術に精《くわ》し、長ずるに及び天文、※律暦、通ぜざる所莫《な》し。一時令名天下に轟《とどろ》く、人稱して算聖と爲す。※宝永五戊子《つちのえね》の十月二十四日に卒《しゅっ》す。江都牛込の淨輪寺に葬る。※白駒過隙《はっくかげき》、※今茲《こんじ》已《すで》に百五十回、是に於いて、其の末流宮庄友勝及び門人等、相い與《とも》に合い咨《はか》り、碑を立て芳名をして百世に奮わしむと云う。

※安政丁巳《ひのとみ》の歳の初冬

〈注釈〉


〔穎敏超邁〕才智が優れて賢く、他人より抜きん出ているさま。

〔律暦〕律令と暦法。

〔宝永五戊子〕一七〇八年、つちのえね。

〔白駒過隙〕白馬がものの隙間を瞬時に過ぎ去る、時や年月の経過の速やかなるを言う。

〔今茲〕今年。

〔安政丁巳〕安政四年、一八五七年、ひのとみ。

《註》金沢・寺町「立像寺」にも墓碑あり。

㉖蓮如上人銅像

（碑の紹介は62ページ）

蓮如上人像台座銘

顯鷲珠於死後

大谷瑩亮敬書

〔副碑の碑文〕

（篆額）蓮如上人御像

真宗中興ノ宗主蓮如上人山徒ノ暴擧ニ遭ヒ難ヲ北國ニ避ケ越前ノ吉崎加賀ノ尾山等ニ各一宇ヲ建立シ行化ヲ僻陬ニ施シ緇素老少ソノ法雨ニ潤ハストラフコトナシ因テ茲ニ信徒相謀

テ當東山ニ御像ヲ建設シ上人ノ遺徳ヲ讃仰シ報恩萬一ノ微衷ヲ致サントス末流興仁自揣ラス其請ニ應シテソノ由来ヲ誌シ傳法弘通ノ一助ニ資スト爾云

真宗大谷派金澤別院輪番

上野興仁

〈訓読文〉

鵞珠《がしゅ》を死後に顯《あら》わす

（鵝《が》の珠を呑《の》めるに寄せて、持戒《じかい》の堅固なるべきを教えたるもの。）

〈参考〉

《大荘嚴論經》第十一に、昔一比丘《びく》あり、乞食《こつじき》して珠師《たまつくり》の家に到る。時に珠師國王の寶玉を磨きつつあり、乃《すなわ》ち家に入りて比丘の為に食を取る。摩尼《まに》珠清澄《しゅせいちょう》にして比丘の衣に映じ、その色紅赤恰《あたか》も肉片に類せり。時に一鵝（ガチョウ）走り来りて一口に之を呑む。彼の珠師食を持して比丘に供養し、尋《つ》いで珠を覓《もと》むるに所在を知らず。因《よ》って驚愕《きょうがく》して直ちに比丘の所作《しょさ》なりと斷じ、叱責《しっせき》して珠を出さんことを求む。比丘竊《ひそ》かに思惟《しい》すらく、今若《も》し實《じつ》を語らば、遂に鵝の命を失ふべし、我れ今苦惱《くのう》の時到れるなり、免《まぬが》る可《べ》きに非《あら》ずと。即ち自ら偸《ぬす》まざるを告ぐ。珠師信ぜず、鞭縄《べんじょう》を以て撾打《かだ》急絞《きゅうこう》す。比丘苦に堪へず、耳眼口鼻蓋《ことごと》く皆血を出す。時に彼の鵝来りて血を食《くら》ふ。珠師忿打《ふんだ》して之を撲殺《ぼくさつ》す。比丘涕泣《ていきゅう》して鵝の死せるを悼《いた》み、遂に實を告ぐ。珠師聞き已《おわ》りて鵝腹を開くに、珠を得て哭泣《こくきゅう》懺悔《さんげ》せりと云へる是《これ》なり。又、經律異相第十九に出づ。（望月佛教大辞典より）

㉗初代中村歌右衛門の墓碑

（碑の紹介は64ページ）

涼池院蓮浄日清禅門

大阪優人元祖中村歌右衛門者本州金澤府醫生大關俊安子也少字
柴之介其爲人也放縱不效讀書攻醫出仕本藩麾下之士後去遊于平

安于浪花于東都流寓多年終爲梨園弟子而家于大阪未幾技藝大進
當一時選矣寛政三年辛亥冬十月二十有九日病死于家享年七十有
四葬之城南正法寺園塋祔柴之介奉法華深矣其去國也負北辰之像
一軀而流寓中安置之江府深川浄心寺既而拝禱且曰奉有日矣若靈
威不虚則令鄙名發三都下不然則終身與尊像共朽而已顯晦唯有冥
慮誓而去矣後果如其言至今香火熾矣云嗣子二代中村歌右衛門者
受紹箕裘賦性聰敏伎靡所弗能焉是以聲名鳴於都鄙頗有絶伎稱云
嘗謂予少失怙惟聞爲加陽人已未知其桑梓何如寤寐懷之弗得有年
于茲其徒中村歌之介者有故屢往來於加越之間而會知大關氏無嗣
族弟久田安右衛門者晩年好醫襲兄之氏與稱自改俊安且其墳墓見
在於斯而歳時奠祭久廢之状也走而到于大阪告之歌右衛門相共悲
喜交集歌右衛門揮涙曰予也雖賤優乎苟繼父業幸蒙里巷之稱譽即
於生計亦弗爲乏然其所虧乃先人之族譜而已每一念至未嘗爲之不
嘆息豈圖吾子代予索捜得之羇旅中誠生平忠願足矣自今而後不爲
從弟請待以昆弟之分乎歌之介起拝曰曷敢當焉願欲建墓碣於尊
翁之郷里身自改業爲商賈而興起大關氏之家系繼絶永奉歳時奠
祭爲之奈何歌右衛門歡抃曰事出非望於吊何幸加焉行矣欽乎哉

於是乎歌之介還金澤便令一地日棟爲文且謀寺主了妙隨公與石
工茂信築墓碣紀其事於碑陰云實文政六年三月也乃銘之銘曰
戯乎優兮使人喜悲爲惡終罹禍好善果有褫
美哉世之善巧方便尚勝以匕謬生庸毉

〈訓読文〉

大阪の※優人、元祖中村歌右衛門は本州金澤府の醫生、大鬪俊安の子なり。少《わかきとき》の字は柴之介、其の※爲人《ひとなり》や※放縱《ほうしょう》、讀書を效《なら》わず※毉《い》を攻《おさ》め、本藩※麾下《きか》の士に出仕し、後去きて平安に浪花に東都に遊び、流寓《りゅうぐう》すること多年、遂に※梨園《りえん》の弟子と爲りて大阪に家《いえ》す。未だ幾《いくばく》ならずして技藝大いに進み、※一時の選に當たる。※寛政三年辛亥《かのとい》冬十月二十有九日家にて病死す。享年七十有四なり。之を城南の正法寺※園塋《えんえい》に葬る。柴之介は※法華を奉ずること深し。其の國を去るや、※北辰の像一軀を負いて流寓中は之を江府深川の淨光寺に安置し、既にして※拝禱《はいとう》し且つ曰く「奉

〈注釈〉

〔優人〕藝人。

〔爲人〕人柄。

〔放縱〕勝手気ままなさま。

〔毉〕「醫」の異体字。

〔麾下〕将軍直属の部下。

〔梨園〕歌舞演戯の教習所、唐の玄宗皇帝が長安の宮中の梨を植えた庭園に子弟を集めて歌舞音曲を学ばせた故事に拠る。

〔一時選〕一時期の優秀な人材。

〔寛政三年〕一七九一年。

〔園塋〕墓地。

〔法華〕妙法蓮華經宗の略。

〔北辰之像〕北辰菩薩の像、妙見菩薩とも言う。北斗七星を神格化した天部の尊で、国土を守護し、災害を除き、人の福寿を増す菩薩。

〔拝禱〕跪拝祈祷。

じて日有り、若し靈威虚《むな》しからざれば則ち※鄙名《ひめい》をして三都下に發せしめん、然らざれば則ち終身尊像と共に朽ちんのみ、※顯晦《けんかい》は唯※冥慮《めいりょ》あり、誓って去《ゆ》かん、と。後果、その言の如く今に至るも香火熾《さか》んなりと云う。嗣子二代中村歌右衛門、※箕裘《ききゅう》を※受け紹《つ》ぐ、※賦性《ふせい》※聰敏にして伎能《わざあた》わざる所靡《な》し、是を以《もっ》て聲名※都鄙《とひ》に鳴り頗《すこぶ》る※絶伎ありと稱せらると云う。嘗《か》って予に謂う、少《わか》くして※怙《ちゝ》を失い、惟《ただ》加陽の人爲《た》るを聞き、己《おのれ》、未だ其の※桑梓《そうし》の如何たるかを知らず、※寤寐《ごび》にも之を懷《おも》いて得ざること年あり、茲《ここ》に其の徒、中村歌之介は故あって屡《しばしば》ゝ加越の間を往來し、會《たまたま》ゝ、大關氏嗣無く族弟の久田安右衛門、晩年の好鹽《こうい》、兄の氏と稱とを襲い、自ら俊安と改め、且つ其の墳墓の斯に在るを見るも、※歳時の※奠祭《てんさい》久しく廢《すたれ》るるの狀を知るや、走りて大阪に到り、之を歌右衛門に告ぐ、相い共に悲喜交《こもごも》ゝ集い、歌右衛門は涙を揮《ふる》いて曰く、予や賎《せん》優《ゆう》と雖《いえど》も、苟《いやし》くも父業を繼ぎ、幸いにも※里巷《りこう》の※稱譽を蒙る。即ち生計に於いても亦乏しきと爲さず、然るに其の

〔鄙名〕卑しい名、謙譲語。
〔顯晦〕世に知られることと、知られないこと。
〔冥慮〕神々の思し召し。
〔箕裘〕先祖から受け継ぐ家業。
〔受紹〕継承する。
〔賦性〕生まれつきの性格。
〔聰敏〕聡明。
〔都鄙〕都と田舎。
〔絶伎〕優れた技芸。
〔怙〕父親。母親は「恃」。
〔桑梓〕故郷、昔、将来の子孫の為に桑と梓の木を植えたことに拠る。
〔寤寐〕寝ても覚めても、「寤」が覚める、「寐」が寝る。
〔歳時〕一定の季節。
〔奠祭〕祭る、「奠」は時期を定めずに祭る、「祭」は時期を定めて祭る。
〔里巷〕村や町。
〔稱譽〕称賛と名声。

虧《か》くる所は乃《すなわ》ち先人の※族譜《ぞくふ》のみ、毎《つね》に一念するも※未だ嘗って之れが爲嘆息せずんばあらざるに至る。豈に圖らん、吾が子《し》、予に代わりて※索捜《さくそう》し之を得たり、※羇旅《きりょ》中誠に※生平の※忠願足れり。今自《よ》り後は従弟と爲さず、請うに※昆弟の分を以て待さん乎。歌之介※起拝して曰く、※曷《いずく》んぞ敢《あ》えて當らざらん。願わくは※墓碣《ぼけつ》を尊翁の郷里に建てんと欲す、身自らは業を改めて※商賈と爲りて大關氏の家系を興起し、※繼絶《けいぜつ》して永く歳時の奠祭《てんさい》を奉ぜん、之を爲すは奈何《いかん》。と。歌右衛門は※歡抃《かんべん》して曰く、「事は※非望《ひぼう》に出ず、弔《ちょう》するに何と幸いの加わることよ、行かんかな欽《よろこ》ばしきかな。是に於いて乎，歌之介は金澤に還り、便《すなは》ち一地日棟をして文を爲《つく》らしめ、且つ寺主の了妙隨公と石工の茂信に謀りて墓碣を築き、其の事を碑陰に紀すと云う。實に※文政六年三月なり。乃《すなは》ち之を銘す銘に曰う。

戲《ぎ》や優たり、人をして喜悲《きひ》せしむ。悪を為さば終に禍《わざわい》に罹《かゝ》り、善を好めば果して禠《さいわい》あり、美なる哉世の善、方便《ほうべん》に巧みなるは尚ほ勝《まさ》る、匕《さじ》を以て謬《あやま》り庸醫《ようい》を生ず。


〔族譜〕一族の系譜。

〔未嘗不嘆息〕未まだ嘗って嘆息せずんばあらず（これまで嘆息しないことはなかった）。

〔索捜〕捜し求める。

〔羇旅〕旅に出ているさま。

〔羇〕「羈」。

〔生平〕普段。

〔忠願〕心からの願い。

〔昆弟〕兄弟。

〔起拝〕身を起して拝謝する。

〔曷敢當〕「何不敢當」～相手の好意に応えるだけの力がないとする謙譲語、滅相もない。

〔墓碣〕頭部の円い墓、方形のものは「碑」。

〔商賈〕商売人、「商」は行商、「賈」は店売り。

〔繼絶〕「継絶世」の略、絶滅した宗祀を恢復する、既に断絶した世代を継承する。

〔歡抃〕喜んで手を打つ。

〔非望〕願っても無い望み。


〔文政六年〕一八二三年。

〈大意〉

大阪の歌舞伎役者、初代中村歌右衛門は金沢藩の医者、大関俊安の子で幼名を柴之介と称した。その人と為りは自由奔放で、読書を好まず医術を習うも後出奔し、平安（京都）や浪花（大阪）、東都（江戸）の各地を永年流浪して遂に身を歌舞伎の世界に投じた。大阪に居住して研鑽数年、技芸大いに進み一躍名声を挙げ一世を風靡するようになった。寛政三年十月二十九日に病を得て歿した。享年七十四。城南正法寺の塋域《えいいき》（墓地）に葬られた。柴之介は若きより法華を信奉し、其の国を出るに及び北辰菩薩像一体を身につけ、流浪中は之を江戸深川の浄心寺に安置して、若し霊験が虚しくないならばこの名を三都下に響かすことが出来るように、若し叶わなければこの身は尊像と共に朽ち果てようとも構わぬ、この身をすべて北辰の像に委ねると誓いを立てた。結果はまさしくその願い通りとなり、今に至るも墓前には香華が絶えることがないと言う。

後継の二代中村歌右衛門は生来穎敏《えいびん》で技も能わざる所なしで令名天下に轟《とどろ》くほどであったが、曾て私に言うには、自分は若くして父を失い、先祖が加陽の人であることは聞いたが、未だその出自について詳しく知らぬ。寤寐《ごび》（寝ても覚めても）にもそのことを考えてもうかなり年月が経った。と。偶々《たまたま》弟子の中村歌之介が故あって屡々《しばしば》加越の間を往来して、初代歌右衛門の実家大関家に就いて詳しく調べ知らせて呉れた。歌右衛門は大いに喜んで、歌之介を弟子ではなく兄弟として遇し、歌之介も恩義に感じて歌右衛門の郷里に赴き初代の墓碑を建て、大関家の再興を誓った。歌右衛門は歓喜して之を許し、歌之介は金沢に赴き一地日棟に撰文を、寺主の了妙隨公に謀ってここに墓碣を築き、初代歌右衛門の事績を後世に傳える。

㉘日東秦氏之墓

（碑の紹介は65ページ）

日東秦氏之墓誌銘

（正面）日 東 秦 氏 之 墓

（脇碑）打は聞け　鼓かな
死出行門の

（碑文）余家累代蒙
國君寵遇甚厚矣今茲丙寅秋余赴南都耴路仕當府留宿于門屋敷村

恭球家屢奉謁
國君寵遇益厚感佩豈弗銘五内乎故營碑于心蓮社境内以令曾孫永
不忘矣
文化三年九月十八日　金春三郎右衛門秦宣玄記
秋臺院蓑耒矦父書

〈訓読文〉

打《うた》ば聞《き》け　死出《しで》行《ゆ》く門《かど》の　鼓《つゞみ》かな

余の家、累代、国君の※寵遇《ちょうぐう》を蒙《こうむ》ること甚だ厚し、※今茲《こんじ》丙寅《ひのえとら》の秋、余※南都へ赴き、路を取りて當府に仕へ門屋敷村に留宿せり。

恭《かだじけな》くも球家屢々国君に謁を奉《たま》わりて寵遇益々厚し、※感《かん》佩《ばい》豈《あ》に※五内《ごない》に銘《めい》せざらん乎《や》。故に碑を心蓮社の境内に營み、以て曽孫をして永く忘れざらしむなり。

文化三年九月十八日　金春三郎右衛門秦宣玄記す
秋台院蓑耒矦父書す

〈注釈〉

〔寵遇〕格別の待遇を受けること。
〔今茲丙寅〕文化三年丙寅《ひのえとら》（一八〇六年）。
〔南都〕奈良のこと。奈良に金春宗家あり。
〔感佩〕いつまでも忘れない程に感動する。
〔五内〕「五臓」、身体全部を指す。

㉚金城霊澤碑

（碑の紹介は68ページ）

臣津田鳳卿奉　命撰　臣渡邊栗敬銘　臣市河三亥謹書

金城靈澤碑銘并叙

北陸之鎭曰白山雪封其巓而四時不盡其峻逼霄稱爲本邦三嶽之一自古屬　我藩管
内其麓跨五州山脈蜿蜒向北而来至山埼莊而止環匝三面蒼海膺其前中有龍蟠虎踞之
都元精欝浡鍾秀標瑞具百二之形勢實爲蜻洲之雄鎭　先公比之金陵建業城乃其
名所由也城南數百歩有岦寒泉淸而且漪昔有逸人稱曰藤五採鑛于山淘汰斯水焉故稱
金澤藤五爲人寡欲好施不嗇蓋藤氏第五郎避京洛之紛華来棲遲於此衣褐懷玉遁名晦
迹不求人知故前史無足徵者天正中　我藩祖公自南越就封登州三遷移鎭尾山布
維新之令革舊染之俗招賢任能自西自東士感而應之民悦而歸之自成都邑逮文禄元年
恢拓　都城民人益輻湊皆樂其生於是近取此水以名　都城於是乎金澤之名昉聞
于天下迨　前朝時因營菟裘池在其苑囿中咫尺　新殿爰感建都之古蹤仰
祖公之創業託物存　思乃　錫嘉號曰金城靈澤竊比隆於有周之沼　今公承統理
化休明能纘　先旨　命臣三亥大書其榜又　命臣鳳卿叙述其事臣栗繫之銘
詞乃令勒石建之于池上加以　公親筆題額於是勝蹟不朽千古矣抑斯水也其肇知

於一个逸民遂被　明主之顧發名於文禄　錫號於文政樹碑於天保者以其密邇雄都而遭遇右文之時也雖然涓涓一檻之水而被皇皇　親奎之榮寵異至此固不期而遇不求而致者豈非有數而存焉者乎且數百年之前誰知有今日之事至數百年之後永依託　雄都以與　國並傳又徵以斯文則誰不知人以池傳迹池亦因　城託名壹是皆頼　明主之一舉而三善皆顯哉果然則勝蹟眞是不朽無疑矣臣材駑且老固不足以應　盛旨敢陳愚衷以寓景仰之意臣栗　繋以銘曰

府城之南　檻泉洋溢　茲匯爲澤　克育萬物　滋潤膏沃　涵養無竭
盈科而進　成章以達　豈同溝澮　雨集皆盈　厥實深厚　粤得美名
君子所法　君道以亨　遺澤流渥　黎庶遂生　休哉君徳　日昭日明

天保十五年歳次甲辰正陽月

〈訓読文〉

金城靈澤碑銘并ビニ叙

臣（註1）津田鳳卿命ヲ奉ジテ撰シ　臣（註2）渡邊栗敬ミテ銘シ

臣（註3）市河三亥謹書ス

北陸ノ※鎭《シズメ》ヲ白山ト曰《イ》ウ、雪ハ其ノ巓《イタダキ》ヲ封ジテ四時盡キズ、

〈注釈〉

〔鎭〕一地区内の最大、最重要の名山。

其ノ峻《タカキ》コト※霄《オオゾラ》ニ逼《セマ》ル、稱シテ本邦三嶽ノ一ト為ス、古《イニシエ》ヨリ我藩ノ管内ニ属シ、其ノ麓ハ※五州ニ跨《マタ》ガル、山脈※蜿蜒《エンエン》トシテ北ニ向《ムカ》ッテ來リ、山埼荘ニ至リテ止マル、※環匝《カンソウ》三面、蒼海其ノ前ニ※膺《アタ》リ、中ニ※龍蟠虎踞《リュウバンコキョ》ノ都アリ、※元精《ゲンセイ》※欝浡《ウツボツ》、※秀ヲ鍾《アツ》メ※瑞ヲ標《シメ》シ、※百二ノ形勢ヲ具《ソナ》ウ、實ニ※蜻洲《セイシュウ》ノ雄鎮為《タ》リ、先公之《コレ》ヲ※金陵建業ノ城ニ比ス、乃《スナハ》チ其ノ名ノ由ル所ナリ、城南數百歩ニ※毖《ヒ》タル※寒泉アリ、清ニシテ且《カ》ツ※漪《イ》タリ、昔※逸人《イツジン》有リ、稱シテ藤五ト曰ウ、※鏷《ボク》ヲ山ニ採リ、斯ノ水ニ淘汰《トウタ》ス、故ニ金澤ト稱ス、藤五爲人《ヒトトナリ》寡欲ニシテ施シヲ好ンデ※嗇《オシ》マズ、蓋《ケダ》シ藤氏ノ第五郎、京洛ノ※紛華《フンカ》ヲ避ケ、來リテ此《ココ》ニ※棲遅《セイチ》シタルナラン、※褐《カツ》ヲ衣《キ》玉ヲ懐《イダ》キ、※名ヲ遁《ノガ》レ迹《アト》ヲ晦《クラ》マシ、人ノ知ルヲ求メズ、故ニ前史ニ徴スルニ足ルモノ無シ、※天正中、我藩ノ祖公、南越ヨリ、登州ニ就封《シュウホウ》セラレ、三遷シテ鎮ヲ尾山ニ移シ、維新ノ令ヲ布《シ》キ、舊染ノ俗ヲ革《アラタ》メ、賢ヲ招キ能ヲ任ズ、西ヨリ東ヨリ士感ジテ之ニ應ジ、民ハ悦《ヨロコ》ビテ之ニ歸シ、自《オノ》ズト都邑《トユウ》ヲ成ス、※文禄元年ニ逮《オヨ》ビ都

〔霄〕大空。

〔五州〕加賀、越前、越中、美濃、飛騨の五国を云う。

〔蜿蜒〕うねうねとして長く続くさま。

〔環匝〕圍繞（いにょう）かこいめぐらすこと。

〔膺〕受ける。

〔龍蟠虎踞〕地勢の険しいさま。

〔元精〕天地の精気。

〔欝浡〕旺盛なさま。

〔鍾秀〕霊秀の気を集める。

〔標瑞〕瑞兆を顕わす。

〔百二〕「以二敵百」の意。山河の堅固な地を譬えて云う。

〔蜻洲〕あきつしま。大和国の別称。

〔金陵〕中国・南京の称。

〔毖〕水の流れるさま。＊碑文原字は「(冠）比＋（脚）必」

〔寒泉〕清冽な泉水。

〔漪〕水の波紋。波立つ意。

〔逸人〕世俗を遁れ隠れ住んでいる人。逸民に同じ。

〔鏷〕まだ精煉されていない銅鉄。あらがね。

〔嗇〕吝嗇。極端に物惜しみする。

〔紛華〕繁華。

〔棲遅〕滞留する。

〔衣褐懐玉〕〝衣褐懐寶〟に同じ。才徳がありながらそれを隠して表に露わさない人を譬えて云う。

城ヲ※恢拓《カイタク》シ、民人益〃輻湊《フクソウ》シ、皆其ノ生ヲ樂シム、是ニ於イテ、近ク此ノ水ニ取リテ以テ都城ニ名ヅク、是《ココ》ニ於イテカ、金澤ノ名※昉《ハジメ》テ天下ニ聞コユ、前朝ノ時ニ迨《オヨ》ビテ、※菟裘《トキュウ》ヲ營ムニ因リ、池其ノ※苑囿《エンユウ》中ニ在リ、新殿ニ※咫《シ》尺《セキ》ス、爰《ココ》ニ建都ノ古蹤《コショウ》ニ感ジ、祖公ノ創業ヲ仰ギ、物ニ託シ思イヲ存《タモ》タント、乃《スナハ》チ嘉號ヲ※錫《タマ》イテ金城靈澤ト曰イ、竊《ヒソカ》ニ隆ヲ※有周ノ沼ニ比ス、今ノ公、※統ヲ承ケテ、※理化※休明、能ク先旨ヲ※纘《ツ》ギ、臣三亥ニ命ジテ其ノ※榜《ガク》ニ大書セシメ、又、臣鳳卿ニ命ジテ其事ヲ叙述シ、臣栗ヲシテ之《コレ》ガ銘詞ヲ繋《ツヅ》ケシム、乃《スナハ》チ石ニ※勒《ロク》シテ之ヲ池ノ上《ホトリ》ニ建テシメ、加ウルニ公親筆ノ※題額ヲ以テス、是ニ於テ勝蹟千古ニ不朽ナリ、抑《ソモソモ》、斯《コ》ノ水タル、其ノ肇《ハジ》メ※一个《イッコ》ノ逸民ニ知ラレ、遂ニ明主ノ顧《コウム》ヲ被リ、名ヲ文禄ニ發シ、號ヲ※文政ニ錫《タマ》ハリ、碑ヲ ※天保ニ樹《タ》テタルハ、其ノ雄都ニ※密邇《ミツジ》シ、而シテ※右文《ユウブン》ノ時ニ遭遇セルヲ以テナリ、然リト雖《イエド》モ、※涓涓《ケンケン》タル一《イチ》※檻《ラン》ノ水ニシテ※皇皇タル親《シン》※奎《ケイ》ノ榮ヲ被リ、※寵異《チョウイ》此ニ至ルハ、固《モトヨ》リ期セズシテ遇イ、求メズシテ致セルモノ、

〔遁名晦迹〕〝遁名匿迹〟に同じ。姓名を隠し行迹を露わさないこと。
〔天正中〕正親町帝の天正年間（１５７３～１５７５）
〔文禄元年〕一五九二年。
〔恢拓〕開拓し拡張する。
〔昉〕天方に明けんとするの意。始める。
〔菟裘〕春秋時代の魯の地名。魯の隠公が隠居しようとした所。転じて隠居地。
〔苑囿〕草木を植えた庭園と動物を飼う所。
〔咫尺〕距離の近いこと。
〔錫〕賜わる。
〔有周〕周代の意。有は接頭語。
〔承統〕帝位を継承する意。
〔理化〕治理と教化。
〔休明〕立派で清く明らかなさま。
〔纘〕継承する。
〔榜〕扁額。
〔勒〕刻む。
〔題額〕碑文の上部の題字。
〔一个〕一箇。〝个〟は人を数える量詞。
〔文政〕文政年間（１８１８～１８２９）
〔天保〕天保年間（１８３０～１８４３）
〔密邇〕間近く接近する。
〔右文〕〝尚文〟に同じ。文治を崇尚する。
〔涓涓〕水がちょろちょろ流れるさま。
〔檻水〕〝濫水〟に同じ。地中から湧き出て流れる

豈《ア》ニ※數《スウ》有リテ焉《ココ》ニ存スルモノニ非《アラ》ザルカ、且ツ、數百年ノ前、誰カ今日ノ事有ルヲ知ランヤ、數百年ノ後ニ至リ、永ク雄都ニ依託シ以テ國ト與《トモ》ニ並ビ傳ハリ、又、徵スルニ斯ノ文ヲ以テスレバ則チ、誰カ人ノ池ヲ以テ迹ヲ傳ヘ、池亦《マタ》城ニ因リ名ヲ託スルハ、壹《イッ》ニ是レ皆明主ノ一擧ニ頼リテ三善皆顯ハルヲ知ラザランヤ、果シテ然ラバ則チ勝蹟眞ニ是レ不朽ナルコト疑イナシ、臣材※駑《ド》ニシテ且ツ老イタレバ、固リ以テ盛旨ニ應ズルニ足ラザレドモ、敢エテ愚衷ヲ陳ベテ以テ景仰ノ意ヲ寓ス、臣栗繫《ツ》グルニ銘ヲ以テシ曰ウ、

　府城ノ南　檻《ラン》泉洋溢シ　茲《ココ》ニ※匯《アツマ》リテ澤ト為リ　克ク萬物ヲ育《ハグク》ム　滋潤《ジジュン》※膏沃《コウヨク》　涵養《カンヨウ》シテ竭《ツ》キルナシ　※科《アナ》ニ盈《ミ》チテ進ミ※章ヲ成シテ以テ達ス　豈《ア》ニ※溝澮《コウカイ》ニ同ジカランヤ　雨集マリテ皆盈《ミ》ツルノミ　厥《ソ》ノ實タル深厚　※粵《ココ》ニ美名ヲ得タリ　君子ノ法トスル所　君道以テ亨《トオ》ル　遺澤流レ渥《アツ》ク　※黎庶《レイショ》※生ヲ遂グ　※休《ヨ》キ哉君ノ徳　日ニ昭《アキラ》カニ日ニ明《アキ》ラカナリ

天保十五年※歳甲辰《トシキノエタツ》ニ※次《ヤド》ル※正陽ノ月

泉。

〔皇皇〕美しく盛んなさま。

〔奎〕帝王の文章や書画の美称。

〔寵異〕帝王から特別の尊崇や寵愛をうけること。

〔有數〕〝命中注定〟の意。運命の中で予め定まっていることを云う。

〔駑〕劣馬。人の才能の劣っていることを云う。

〔匯〕集まる。

〔膏沃〕土地が良く肥えていること。

〔盈科而進〕水の流れは低い窪地を満たしてから先へ進む。《孟子・盡心上》〝流水之爲物也・不盈科不行・君子之志於道也・不成章不達。〟

〔成章〕文理が成就する。《孟子・離婁下》〝原泉混混・不舍晝夜・盈科而後進・放乎四海。〟

〔溝澮〕田溝。《孟子・離婁下》〝苟爲無本・七八月之間雨集・溝澮皆盈・其涸也・可立而待也。〟

〔粵〕助詞。句首に用いる。発語の言葉である。

〔黎庶〕黎民。

〔遂生〕養生に同じ。

〔休〕美、善、慶なり。

〔歳〕歳星の意。木星、公転周期が約十二年なので、これに十二支を当てて年まわりを表わす。

〔次〕星のやどり。

〔正陽〕旧暦の四月。

（註1）〔津田鳳卿〕安永八年（1779）生、弘化四年（1847）歿。享年六九。通称亮之助、字は邦儀、梧崗と号す。明倫堂句読。同助教を経て書物奉行となり尊経閣文庫を管し、藩侯の命により古文書蒐集の任に当たる。

（註2）〔渡邊栗〕加賀藩学者。明倫堂督学、兼経武館督学となり、藩侯の侍読となる。嘉永四年歿、享年七四。

（註3）〔市河三亥〕通称小左衛門、字は孔陽。号を米庵・小山林堂・金羽山人・百筆齋・亦顛道人。儒家寛斎の子。書家を以て立ち、米元草を学び、楷・隷に巧、安政四年歿、享年八十。主著に、五體墨場必携・皇国州名歌・米莽墨談・米家書譚・西遊小草。

〈訳文〉

金城靈澤の碑の銘文並びに叙

臣津田鳳卿《ほうけい》が命を奉じて文をつくり、臣渡辺栗《りつ》がうやうやしく銘文をつぎ、臣市河三亥《さんがい》が謹んで書き記した。

北陸の鎮めの山を白山という。雪はその頂きに積もって四季消えることがない。その険しいことは大空にせまるばかりで、我が国の三名山の一つといわれている。この山は昔から我が加賀藩の領域内に属している。その山麓は、加賀、越前、越中、美濃、飛騨の五カ国に跨《また》がり、長く北に向かってのびて山埼荘に至って終っている。陸地は三面をとりまき、青海原がその前に開けている。

陸地の中央に龍が蟠《わだかま》り、虎が蹲《うずくま》ったように都が位置している。（その都は）自然の大精力が盛んに湧き起り、勝れた力を集め、目出度い姿を表わして、他国の百倍もの力を持つ要害の地の状態を具えている。この都は実に我があきつしま日本の代表的な都である。先公（前田斉広《なりなが》＝第十二代藩主）はこれを中国の南京城に比類するものとされた。そこで金城の名が出来たのである。

城の南数百歩の所に流れ出る冷やかな泉がある。それは清らかで美しく波立っている。（さて）昔世を避けた人物がいて名を（註1）藤五郎といった。彼は山であらがねを採り、この泉でその鉱石を洗い選《よ》り分けたという。それでこの泉を金澤というようになったのである。その藤五の人となりは欲が少なく好んで人に物を施し、物惜しみするところが無かった。思うに彼は藤原氏の五番目の男子であったらしいが、京の都の煩わしさを避けて此処に気楽に住み着いたものと思われる。彼は庶民の身なりをしていたが、優れた人柄を有し名誉心を抱かず、世間から行方を晦《くら》まし、他人が自分を知ってくれることを心掛けなかったのである。従って歴史上彼の事績を窺うことは出来ないのである。

（ついで）天正年間になり我が藩の祖、前田利家公が越前の国から能登に領地を与えられ、三たび移って尾山（現、金沢）の地に領主として来り、政治革新の令を布いて、古い世の仕きたりを革新し、賢臣を招き有能な人物を役人に任じた。そのため西からも東からも、立派な人物がこれに感奮して応じ来ったし、民衆は喜んでなつき従った。そのようにして自然と大きな都会が出来上がったのである。

文禄元年には、町を広め拓いて領民は愈々《いよいよ》集まり、誰も誰も生活を楽しむようになった。そこで最近この泉の名をとって町の名とした。そのため金沢の名は、はっきりと天下に聞こえるに至ったのである。先代斉広《なりなが》公の時に至って隠居所を造られたが、この泉がその庭園の中にあって、新築の御殿のごく近くにあたっていた。そこで昔都を定めた時の古い遺跡に心を感動させ、藩の開祖の功業を仰いで、物に因ってその思いを残そうとせられた。こうして金城霊澤という良い名を賜わった次第である。これは公のお心の中では、隆盛なる国運を中国の周代の名高い沼に比べて、そう名付けられたものであろう。

今、斉泰公《なりやす》（十三代藩主）が後を継いで領主となられ、非常にご立派に世を治め導かれ、よくよく先公のお考えを受け継がれた。そこで臣下の市河三亥に命じて、公示の碑に立派な文字を書かせられ、また臣下の津田鳳卿に命じて、その事実を述べしめられ、臣下の渡辺栗が銘文の詞を続け記した。そこで、このたび石に刻んでこれを泉の辺に建て、それに加えるに斉泰公の書かれた（「金城霊澤」という）題額を以てした。こうして名高い旧蹟は、永久に朽ちないことになったのである。

一体この泉は最初一個の隠遁者に知られ、遂に賢明な藩主の注目されるところとなった。その泉の金沢という名は文禄年間に始まって、文政年間に「金城霊澤」という名がつけられ、天保年間に至って碑が建てられることになったが、これはその位置が立派な都のごく近くにあり、学問を尊重する時代に出合ったために因るものである。しかし乍《なが》ら、些《ささや》かに湧き出る泉であるにも拘《かか》わらず、立派な藩主ご自筆の文字を頂くという光栄に浴し、並々ならぬご愛顧を受けることこの通りである。これは勿論以前から期待せずに出会ったこと、求めないで得たことであるが、どうして定まった命数（命運）があってそうなったのではないであろうか。（定まった命数の然らしめるところなのである。）亦、数百年の前に、誰が一体この泉が今日の光栄に出会い、数百年の後まで永く立派に都に依存して、国と共に後世に伝えられるに至ることを、予期したであろうか。（恐らく誰も予期しなかったことである。）

また、後の人はこの文章を読むことに拠《よ》り、藤五郎という人物が池を以て名を残し、池もまた城に因って名を顕《あら》わし残したことは、専《もっぱ》ら優れた藩主の一つの行為に拠って、三つの善行が同時に顕われるに至ったものだ、ということを誰が一体気付かないであろうか。（誰もが必ず気付く筈《はず》である。）若《も》し、そうだとすれば、この優れた旧蹟が真に不朽のものとして、後に伝わることは疑う余地は無い。私は才能足らず、且《か》つ亦《また》、歳をとっていて藩主のお考えに応えることは出来ぬ者である。にも拘《かかわ》らず、殊《こと》更《さら》に愚かな心の中を述べて、御徳を慕い仰ぐ心持を述べる次第である。

臣渡辺栗が後を継いで銘を作って次の如く述べるものであります。

都の南に湧き出る泉が広く溢れて湧いて居る。その水は拡がって沢池を成しており、様々の生物を養い育てている。

それはしげく深くものを潤し、養分豊かで無限に万物を涵《ひた》し養っている。（水は）泉の窪みに溢れ出て整然と流れ広まっている。

（この有様は）田畑の間の溝に雨が流れ込んで、水が一杯に為って居るのとはまるで違ったものである。

この池はその徳が極めて深厚で、その為に霊澤という良い名を与えられたものである。

その徳は君子が手本とするところであり、君主の道もこれに拠《よ》って世に行われるのである。

その立派な恵みは後を潤して人民達が充分生を楽しむことが出来る。（この池を世に顕わされた）君の御徳は大きいもので、日に日に明らかに末永く（世に）輝くことであろう。

天保十五年歳次（干支の順序で）甲辰《きのえたつ》の年の一月。

（註1）藤五郎＝通称「藤五郎」という。金沢市山科町（旧富樫村山科）にその住居跡と伝える地がある。藤五郎の話は「炭焼き長者」系の民話である。

（註2）参考資料＝「金城靈澤碑文解説」《発行者・長沢美津、昭和五十七年（一九八二）五月三十日発行》中の「訳文」「解・注（藤田福夫氏）」に依拠。

㉜大屋愷敆《よしあつ》翁之碑

（碑の紹介は72ページ）

大屋愷敆翁之碑　　**明治三十六年十一月建**

大屋愷敆翁舊金澤藩士也本姓石澤初名武一郎有故襲大屋氏維新後歴任鑄砲局承事金澤縣文學教師等傍初興活字版編英和辭典創製地球儀所著皇統小史日本及萬國射號圖加越能各地誌略等十數巻皆充于小學教科後更承官命編纂金澤地誌石川能美兩郡町村誌爾來致仕而養老明治三十四年六月病歿享年六十有三翁實金澤文明之先導教育之者宿也

〈訓読文〉

明治三十六年十一月建ツ

※大屋愷敆《ヨシアツ》翁ハ舊金澤藩士ナリ、本姓ハ石澤、初名、武一郎、故《ユエ》有リテ大屋氏ヲ襲《ツ》グ、維新後、鑄砲局承事、金澤縣文學教師等ヲ歴任シ、傍《カタワ》ラ初メテ活字版を興《オコ》シ英和辭典ヲ編《ア》ミ、地球儀ヲ創製ス、著ハス所ノ皇統小史、日本及ビ萬國射號圖、加越能各地誌略等數巻ハ皆、小學教科ニ充《ア》テラル、後、更ニ官命ヲ承ケ金澤地誌、石川能美兩郡町村誌ヲ編纂ス、爾來《ジライ》※致仕《チシ》シテ老ヲ養ウ、明治三十四年六月病歿ス、享年六十有三、翁ハ實ニ金澤文明ノ先導、教育ノ※耆宿《キシュク》ナリ。

〈注釈〉

〔大屋愷敆〕一八三九～一九〇一、洋学者、英・独・蘭三カ国語、数学、地歴、天文、鋳砲学を修め、金澤壮猶館翻訳方を務めた。洋装本格的英和字典『廣益英倭字典』（明治七年刊）を編集。

〔致仕〕官職を辞する。

〔耆宿〕学徳の優れた老人。

㊲北條時敬《ときゆき》先生頌徳碑

（碑の紹介は77ページ）

北條時敬先生頌徳碑銘

先生考名條助爲其次子家系出於鎌倉北條氏爲人嚴畏縝密尤邃於數學秉公持平心事卓犖大學卒業之後委身育英遊宦累進歴任高等學校高等師範東北大學學習院等長叙從三位大正九年辭官尋任宮中顧問官特旨叙正三位勅選貴族院議員事詳家傳就中有可特筆者焉先生之在職第四高校長會伊藤公來投旅館先生遺書曰茲土學徒多矣願無絃歌侑酒公後語人曰金澤有北條者可畏征露之議起上下疑懼無一人發於言者時同鄉人某自西比利亞還欲開主戰講話會謀之先生先生決然賛之一方士氣爲之大振夫非一意重育英專心思國家者烏能至于此哉此二事似易而難可以知其爲人矣先生安政五年三月廿三日生於金澤昭和四年四月廿七日歿於東京年七十二嗚呼先生歿矣而維持風教者寥乎無人矣所謂人之云亡邦國殄瘁豈先生之謂耶今茲有志一人倡百人和立石於兼六園旁金澤祠中以頌其徳是非必皆有師資之素也亦足以見感孚之深矣屬文於余余與先生友

善而與其謀者義不可辭乃繫銘曰
　質素寡黙遠承祖風夙夜盡瘁一意奉公不憚權貴不貪利功
　藏書萬巻頒付泮宮薫化四被顯榮隨躬一片之石淸風無窮
昭和五年歳次庚午五月廿七日
男爵前田直行篆額　稼堂黑本植撰并書　有志者建

〈訓読文〉

先生、※考《ちち》の名は條助、其の次子為《た》り、家系は鎌倉北條氏に出ず、人と為《な》り※嚴畏縝密《げんいしんみつ》、尤《もっと》も数学に邃《ふか》し、※秉公持平《へいこうじへい》、※心《しん》事卓犖《じたくらく》たり、大学卒業の後、身を育英に委《ゆだ》ね、※遊宦《ゆうかん》、累進《るいしん》して、高等学校・高等師範・東北大学・学習院等の長を歴任し、従三位に叙せらる。大正九年官を辞し、尋《つ》いで宮中顧問官《きゅうちゅうこもんかん》に任じ、特旨にて正三位に叙せられ、貴族院議員に勅選さる、事は家伝《かでん》に詳《くわ》し。就中《なかんずく》特筆す可《べ》きもの有り。先生の第四高校長に在職するや、會《たまたま》、伊藤公来り旅館に投《とう》ず、先生、書を遺《おく》りて曰《い》う、茲《こ》の土や学徒多し、願はくは※絃歌侑酒《げんかゆうしゅ》無からんこ

〈注釈〉

〔考〕亡父、「先考」とも言う。亡母は「妣」「先妣」。
〔嚴畏縝密〕慎み深く濃やか。
〔秉公持平〕公平で片寄らない。
〔心事卓犖〕心の思いと行いがこの上なく優れている。
〔遊宦〕各地で官職に就くこと。
〔絃歌侑酒〕三味の音に合わせ歌を唱い酒を酌み交わす。

とを、と。公、後に人に語りて曰く、金沢に北條なる者有り、畏《おそ》る可《べ》し、と。征露の議起るや、上下※疑懼《ぎく》して一人も言を発する者無し、時に同郷人某、西比利亜《しべりあ》自《よ》り還り、主戦講話会を開かんと欲し、之《これ》を先生に謀《はか》る。先生決然として之に賛し、一方、士気之が為に大いに振へり。夫れ一意育英を重んじ、専心国家を思う者に非《あら》ざれば、烏《いずくん》ぞ能《よ》く此に至らん哉《や》。此の二事、易《やす》きに似て難し、以て其の人と為《な》りを知る可し。先生は安政五年三月廿三日金沢に生まれ、昭和四年四月廿七日東京にて歿す。年七十二。嗚呼《ああ》、先生歿し而して※風教を維持する者※寥乎《りょうこ》として人無し、所謂、※人の亡を云いて邦國殄瘁《ほうこくてんすい》すとは、豈《あに》に先生の謂《いい》なる耶《か》。今茲《こんじ》、有志一人倡《しょう》し百人和し、石を兼六園の旁《かたわら》、金沢祠中に立て以て其の徳を頌《しょう》す。是れ必ずしも皆※師資《しし》の素《そ》有るに非《あら》ざるなり。亦《また》以て※感孚《かんぷ》の深きを見るに足《た》る。文を余に属す。余は先生と※友とし善し、而して其の謀に與《あずか》れば、義辞す可からず、乃《すなわ》ち銘を繫《つ》ぎて曰《い》う。

　質素にして寡黙《かもく》、遠く祖風を承《う》け、夙夜《しゅくや》に盡瘁《じんすい》し、一意奉公、
　※権貴を憚《はばか》らず、利功を貪《むさぼ》らず、

〔疑懼〕疑い恐れる。


〔風教〕人を感化し教導すること。

〔寥乎〕もの寂しいさま。

〔人之云亡邦國殄瘁〕その人物が亡くなることにより国が困窮する。（出典＝詩経・大雅）

〔師資〕教師と生徒。

〔感孚〕人をして感動信服せしめる。

〔友善〕仲が良い。


〔権貴〕権力と高貴な身分。

蔵書萬巻、※泮宮《はんきゅう》に頒付《はんぷ》し、※薫化四被、顕栄躬《み》に随う、一片の石、清風無窮なり。

昭和五年歳次庚午五月廿七日

男爵前田直行《なおつら》篆額　稼堂黒本植撰并書　　有志者建

〔泮宮〕都に設置された最高学府を言う。

〔薫化四被〕感化が四方に及ぶ。

〈大意〉

先生の家系は鎌倉の北條氏より出たと言われている。父親の名は條助で先生はその次子である。人と為り慎み深くこまやかで尤も数学を得意とした。大学卒業後、身を教育界に投じ、高等学校・高等師範学校・東北大学・学習院等の校長を歴任した。大正九年に官を辞し、宮中顧問官に任じ貴族院議員に勅選された。先生の人柄を知る上で特筆すべき事がある。第一は先生が第四高等学校長に在職中、偶々《たまたま》伊藤公（伊藤博文）が来澤し旅館に投宿した折、先生は伊藤公に書を遣って、金沢の地は学徒が多いから絃歌遊興して指弾を受けることのなきようくれぐれも注意されたしと言い、伊藤公をして金沢に北條なる者あり畏《おそ》る可《べ》し、と言わしめたとか。第二は征露の論が起こった折、シベリアより帰った者が主戦講話会を開かんとして之を先生に謀ったところ、先生は大いに賛同して為に士気が大いに挙がったと言う。

これらの事績を見ても先生の育英を重んじ、専心国家を思う意志が如実に察知できよう。先生は安政五年三月金沢に生まれ、昭和四年四月東京に於いて歿した。享年七十二。先生が亡くなられた後、風教を維持する人物が尠《すくな》いのは寂しき限りである。今年有志が相謀って碑を金沢神社の旁《かたわら》に建て、先生の徳を頌することとなり、余がその任に当たることとなった。先生との長い間の友誼に鑑《かんが》み、ここに文を撰《えら》んで先生の徳を頌《たた》える次第である。

㊵明治紀念碑

（碑の紹介は82ページ）

明治十年九月西南亂初平官軍凱旋此役也第七師管軍人戰死者無慮四百有餘人其十一月祭之卯辰山招魂社以吊其忠魂焉乃又以謂金澤師管之所在軍隊之所駐宜傳標而不朽其忠烈也矣而事未果越二稔再尋前議初立貲金募聚法其法分而爲二一則同隊從軍將校各醵貲爲基本一則募金於有志者是也陸軍歩兵少佐從六位勳四等田中正基陸軍歩兵大尉正七位勳五等手島孝基陸軍歩兵大尉正七位勳五等石川昌世陸軍歩兵中尉從七位飯森則正等綜理內外庶務而囑出納于陸軍會計軍吏補正八位石井要工事于陸軍省十三等出仕

濱名義信且得地方官之翊成巨貲立聚焉乃告之官請得金澤舊城内鼠田園所在之巨石累疊以爲基礎使越中高岡鑄工某鑄造日本武尊肖像以安焉其以尊之像亦有故焉也相傳尊征東夷到此國也擧國人加其軍以賀東征之偉勣是所以國名之由而起也云若夫尊之忠勇偉烈載在史乘而予輩與戰死諸人夙欽慕威徳窃欲立于下風今如夫戰死諸人寔可謂不負於平生所慕也明治十三年十月二十三日工事竣成自二十六日至三十一日大修廌事乃大教正大谷光尊權大教正大谷光瑩及各宗教正亦悉會焉遠近到來者奔波鯨濤古来殆所無而頃日又地方有志者相謀結社以永負擔祭祀之事豈可不謂曠世之盛哉嗚呼夫平居飯食相追之友其人已亡猶不能遺之于懷況於崎嶇難楚共盡力于國事而死于王愾者聊勒顚末以告示來世矣

明治十三年十月　　負擔者

〈訓読文〉

明治十年九月、西南の乱初めて平らぎ、官軍凱旋《がいせん》す。此《こ》の役《えき》や、第七師軍人の戦死者※無慮《むりょ》四百有餘人、其の十一月、之を卯辰山招魂社に祭り以て其の忠魂を弔う。乃ち又以て

〈注釈〉

〔無慮〕おおよそ。

金沢師管の所在、軍隊の駐する所、宜《よろ》しく伝え標して其の忠烈を不朽ならしむべきを謂うなり。而して事未だ果さず、※二稔《ねん》を越えて再び※前議に尋《つ》いで初めて※貲《し》金《きん》募聚法を立て、其の法を分かちて二と為す。一は即ち同隊従軍將校各々貲を醵《きょ》するを基本と為す。一は即ち有志者に募金する是れなり。陸軍歩兵少佐従六位勲四等田中正基、陸軍歩兵大尉正七位勲五等手島孝基、陸軍歩兵大尉正七位勲五等石川昌世、陸軍歩兵中尉従七位飯森則正等、内外庶務を綜理し、而して出納を陸軍会計軍吏補正八位石井要、工事を陸軍省十三等出仕濱名義信に嘱し、且《か》つ地方官の翊《たすけ》を得て、※巨《きょ》貲《し》の立聚を成す。乃ち、之を官に告げ請い得て金沢舊城内※鼠《ねずみ》田《た》園所在の巨石を※累疊《るいじょう》して以て基礎と為し、越中高岡の鋳工某をして日本武尊の肖像を鋳造せしめ、以て焉《これ》を安んず。其の尊の像を以てするも亦た故あるなり。相伝うるに、尊は※東夷を征《う》ちて此の国に到るや、国を挙げて人其の軍に加わり以て東征の※偉《い》勣《せき》を賀す。是れ国名の由って起こる所以なりと云う。若し夫れ尊の忠勇偉烈、※史《し》

〔二稔〕二年。
〔前議〕以前の相談、即ち忠魂碑を立てること。
〔貲金〕費用。
〔巨貲〕巨額の費用。
〔鼠田園〕玉泉院丸の庭。
〔累疊〕積み重ねる。
〔東夷〕東方に住む異民族。
〔偉勣〕偉大な功績。
〔史乘〕歴史書。

乗《じょう》に載って、予輩《よはい》戦死諸人と與《とも》に夙《つと》に威徳を欽慕し窃《ひそか》に※下風《かふう》に立たんと欲す。今や夫《そ》の戦死諸人の如き、寔《まこと》に平生慕う所に負《そむ》かずと謂う可きなり。明治十三年十月二十三日、工事竣成し、二十六日自《よ》り三十一日に至り※薦事《せんじ》を大修す。乃ち大教正大谷光尊、権《ごん》大教正大谷光瑩及び各宗教正も亦た悉く会す。遠近到来する者、※奔波鯨涛《ほんぱげいとう》、古来殆ど無き所、而して頃日又地方の有志者相い謀りて結社、以て永く祭祀の事を負担す。豈《あ》に※曠世《こうせい》の盛と謂わざる可けん哉《や》。嗚呼《ああ》。夫《そ》れ※平居飯食相追《へいきょはんしょくそうつい》の友、其の人已《すで》に亡きも猶お、之を懐に遺す能わず、況んや※崎嶇難楚《きくなんそ》に於いて共に力を国事に尽くして※王愾《おうがい》に死せる者をや、聊《いさ》か顚末を勒《ろく》し以て来世に告示す。

〔下風〕かざしも。

〔薦事〕供え物をして祭ること。

〔奔波鯨涛〕勢いよく打ち寄せる大波。

〔曠世〕空前絶後の。

〔平居飯食相追〕平素共に飲み食いしていた友。

〔崎嶇難楚〕山道が険しく、困難苦痛を覚えること。

〔王愾〕天皇の憤慨。

㊻水龍碑

（碑の紹介は91ページ）

水龍碑

本縣警察喞筒組使人來請曰我縣始製此
器也使警部澤埜君一兵敎其運用宮城枝五
郎二松七右衛門等傳習數月矣其九月始設此
組實明治十一年也迩來有火災則趣々即滅矣
是以遠近競設此器其運用則使吾輩傳習矣以
還火災年減焉則此器之功德不可不記也欲以
記諸石建于治南東石浦社内君其爲記焉余曰
善哉此擧凢事有本有源忘其本源是所以世有
亂臣賊子也夫子而不忘三年在父母懷臣而不
忘其祿以得仰事伏育則何有亂與賊哉今也子
輩不忘其德余何得以不文辭夫喞筒有三種一
曰提水二曰吸水三曰壓水凢送水於高遠莫如
壓水而此器則又其最巧者也西方謂之水龍此

自出世祝融回祿不得逞其暴威其有功徳於宇
内果幾何乎因係以銘々曰
一氣吐水　無疆其徳　炎々焼天　立時消息
明治廿一年歳在戊子六月石川縣農事
巡廻教師河波有道撰并書時年六十七
石工　福島伊之助彫

〈訓読文〉

本県警察喞筒《ポンプ》組ノ使人、来リ請イテ曰ウ、我ガ県始メテ此ノ器ヲ製スルヤ、警部沢埜君一兵ヲシテ其ノ運用ヲ宮城枝五郎・二松七右衛門等ニ教ヘシメ、伝習スルコト数月。其ノ九月始メテ此ノ組ヲ設ク、実ニ明治十一年ナリ。※迩《ジ》来《ライ》、火災アレバ則チ※趣々即滅《シュシュソクメツ》ス。是ヲ以テ遠近競イテ此ノ器ヲ設ケ、其ノ運用ハ則チ吾輩《ゴハイ》ヲシテ伝習セシム。※以《イ》還《カン》、火災年ニ滅ズ。則チ此ノ器ノ功徳記サザル可カラザルナリ。以テ諸《コレ》ヲ石ニ記シ、南東《タツミ》ヲ治ムル石浦社ノ内ニ建テ

〈注釈〉

〔迩来〕爾来《ジライ》。それ以来。
〔趣々〕すみやかに
〔以還〕それ以後。

ンコトヲ欲ス、君其レ記ヲ為《ツク》レト。余曰ク、善ナル哉此ノ挙。凡ソ事、本アリ源アリ、其ノ本源ヲ忘ルゝハ是レ世ニ乱臣※賊子アル所以《ユエン》ナリ、夫レ子ニシテ三年父母ノ懐ニ在ルヲ忘レズ、臣ニシテ其ノ禄以テ得ルヲ忘レズ、※仰事《ギョウジ》伏育《フクイク》スレバ即チ何ゾ乱ト賊アラン哉。今ヤ※子輩《シハイ》其ノ徳ヲ忘レズ、余何ゾ※不文《フブン》ヲ以テ辞スルヲ得ンヤ。夫レ喞筒《ポンプ》ニハ三種アリ、一ハ提水ト曰イ、二ハ吸水ト曰イ、三ハ圧水ト曰ウ、凡ソ高ク遠キニ送水スルニハ、圧水ニ如《シ》クハ莫《ナ》シ、而シテ此ノ器ハ則チ又、其ノ最モ巧ナル者ナリ。西方、之ヲ水龍ト謂ウ、此ノ世ニ出デシ自《ヨ》リ、※祝融《シュクユウ》・回禄《カイロク》、其ノ暴威ヲ※逞《タクマ》シクスルヲ得ズ、其ノ宇内ニ功徳アルコト果シテ幾何ゾヤ。因《ヨ》ッテ※係《ツナ》グニ銘ヲ以テス。銘ニ曰ク、一気ニ水ヲ吐《ハ》ク、疆《キワマ》リナシ其ノ徳、炎《エン》々天ヲ焼クモ、立時《タチドコロ》ニシテ消息ス。

明治廿一年※歳戊子《ツチノエネ》ニ在ルノ六月　石川県農事巡廻教師

※河波有道《カワナミアリミチ》撰シ併セ書ス、時ニ年六十七

石工　福島伊之助彫《ホ》ル

〔賊子〕親に不幸をもたらす不孝な子。

〔仰事伏育〕「仰事俯育」に同じ。上は父母に事《ツカ》へ、下は妻子を養う。

〔子輩〕あなたたち。

〔不文〕文才がないこと。

〔祝融・回禄〕ともに火をつかさどる神の名。

〔逞〕ほしいまゝにすること。

〔係〕「繫」に同じ。引き続き。

〔歳〕歳星、木星を指す。

〔河波有道〕通称豊太郎。号は棕園。文政五年生れ。家世々加賀藩老本多氏に仕う。村田蔵の門に蘭学を学ぶ。明治元年明倫堂助教、自ら梅塢塾を開き諸生に教える。廃藩後、各種学校にて教鞭をとる。明治二十三年九月歿。年六十九。

㊾ 關《せき》澤《ざわ》遯《とん》翁《おう》之碑

（碑の紹介は96ページ）

關澤遯翁之碑

遯翁關澤君嘗謂余曰子少於我幾二十年我死光我幽宅者非子而誰余以爲戯言今其子明清以遺命来請墓文余安得以不文辭之乎哉君諱房清字某通稱六左衞門後改安左衞門告老更稱遯翁加賀人世仕加賀侯考諱某稱仙左衞門妣杉江氏天保紀元十二月考歿君襲其祿二百五拾石班馬廻組丙申丁酉天下大饑首獻賑恤策募同志醵金更借富豪金穀遠近分路賑救爲活者無慮數千人於是資材蕩盡一貧如洗既而爲本吉湊裁許凶荒之後人民窮困君竭力區處之且令部下始種甘藷庚子上䟽言事不報乃辭職弘化丁未補割場奉行釐革舊弊嘉永辛亥兼馬奉行黜陟吏胥減省冗費廐務大改癸巳任小松馬廻番頭賜職俸百石兼小松町奉行務除柔惰之風以興物産擧措果決頗涉物議爲權人所中安政甲寅蒙譴褫職禍且不測乃杜門痛自貶損採桑養蠶每夜有自墻外投桑葉或菜蔬者前後六年無虛日後始知嚮蒙賑救者之所爲也己未譴責始解元治甲子奉命守京都千本通蛤門之變嚴爲之守備擢頭並職俸百石兼割場奉行迨幕府征長門君率輜重兵從赴安藝事平歸藩明年轉作事所主務時幕政衰萎國家多事君察搶攘之機屢有所建議明治戊辰伏見之變君適在京師參政前田孝錫使君馳報變於金澤抵小松執政村井長在率兵數千佐幕府越後榊原侯亦統兵次于此將與我藩共進勢頗熾盛君大驚謂藩士無狀一至於是即見長在説勤　王大義勸其還兵長在曰我奉命而發豈可擅違哉君曰然則姑按兵不進以待再命之至長在曰諾君歸謁藩公父子具陳使命且請二事曰老公急入覲曰急還兵二公嘉納焉佐幕黨怒君所爲將要歸路而刺事甚急余詒君曰有國事可密議者請急退挋余家待余歸君乃出刺客果搜索殿中不得轉赴君家亦不得事竟寢既而長在還藩老公朝京師皆如君所請一藩方向遂定君與有力焉累遷組頭並職俸二百石三月官軍征越後吾藩兵從焉君爲監軍七月應越後府知事四條公辟出仕府

民政局擢徵士越後府權判事以病辭歸八月致仕男安太郎繼家賜養老俸百五拾石特命病間詣作事所視事君辭之
攜室三善氏往東京以戊寅七月八日卒于明清家享年七十有一三善氏八月二十二日即世合葬于四谷里多寶山成
願寺塋域君爲人眞率若不解事而内實有智慧常以國家休戚爲己任誘掖一藩俊秀奮士氣養國力慮大勢將變而豫
爲之備君壯歳由病失聲每呵氣語口角飛沫嘗詣執政某指摘有司得失諷刺政事良否議論横出其所蘊蓄乃不可測
是以權人懼且忌百方構之君不少介意其倜儻豁達概此類也肥後横井平四郎聞君名来訪曰吾於北陸得一知己矣
信濃佐久間修理亦與君親善其在京師訪君旅寓歸路遇害云其他所訂交皆當世之豪傑也君有男女各四長安太郎
以辛未歳先歿次明清爲農商務少書記官次右門次余所男鏑木某養爲嗣長女適三善某先歿次適吉田某次適矢島
某次適鈴木某皆三善氏出也三善氏爲人静婉幽淑婦德全備治家有法善教育子女器識過丈夫而未嘗與言外事家
道屢空而怡怡無戚容當其遭家難則肅然唯謹爾於戲余受君誘掖殆三十年於君之事蹟弗爲不稔然學殖菲薄不能
副生前請託哀哉銘曰

於戲斯翁　才不世出　見事敢爲　屢困羈羣　言貌從容　行藏則一　民受其惠　偉蹟不没　多寶之山
窀穸卜吉　永安于此　雲深樹密

明治十七年五月　從三位侯爵前田利嗣公篆額　安井顯比撰文　江間真書　廣羣鶴刻

〈訓読文〉

遯翁《とんおう》関沢君、嘗《か》って余《よ》に謂いて曰く、子《し》は我より少《わか》きこと幾ど二十年、我死して我が※幽宅《ゆうたく》を光《あきら》かにする者、子《し》に非《あら》ずして誰ぞや、と。余は戯言《ぎげん》と以為《おも》へらく。今其の子《こ》明清《あけきよ》、遺命を以て来り、余に墓文を請う。安《いず》んぞ※不文を以て之辞するを得んかな。君、※諱《いみな》は房清《ふさきよ》、字《あざな》は某、通称六左衛門、後に安左衛門と改む。※告老して更に遯翁と称す。加賀の人なり。世、加賀侯に仕える。※考《ちち》は諱某、仙左衛門と称す。※妣《はは》は杉江氏。天保紀元十二月考《ちち》歿す。君、其の禄二百五拾石を襲い馬廻組に班《つら》なる。丙申、丁酉天下大いに饑《う》えたり。首《はじ》め※賑恤《しんじゅつ》の策を献《すす》め、同志を募《つの》って醵《きょ》金《きん》し更に富豪に金穀を借り、遠近路を分けて賑救《しんきゅう》す。為に活きる者無慮数千人。是に於いて資材蕩尽し、一貧洗うが如し。既にして本吉湊の栽許と為る。凶荒の後、人民窮困し、君、力を竭《つ》くして之を※区処《くしょ》し、且つ部下をして始めて甘藷《かんしょ》を種《う》えしむ。庚子、上疏するも言事報われず、乃《すなわ》ち職を辞す。弘化丁未、割場奉行に補せられ、旧弊を※釐革《りかく》

〈注釈〉

〔幽宅〕墳墓。
〔不文〕文才が無いこと。
〔諱〕いみな。死者の生前の本名を、死後は口にするのを避けて「諱」と言った。
〔告老〕老いを理由に辞職を願い出る。
〔考〕死去した父。
〔妣〕死去した母。
〔賑恤〕金品を与えて、苦しんだり災難に遭ったりした人を救う。
〔区処〕夫々に処置する。
〔釐革〕改める。

す。嘉永辛亥、馬奉行を兼ぬ。※吏胥《りしょ》を※黜陟《ちゅっちょく》し、冗費を減省し、廐務《きゅうむ》大いに改まる。癸巳、小松馬廻番頭に任ぜられ、職俸百石を賜わり小松町奉行を兼ねる。務《つと》めて柔惰の風を除き、以て物産を興し、挙措果決、頗《すこぶ》る物議に渉《かか》わり、権人の中《あた》る所となる。安政甲寅、※譴を蒙り※褫職《ちしょく》、禍《わざわ》いせられ且《しか》も測らず、乃《すなわ》ち門を杜《とざ》して自《みずか》ら痛く※貶損《へんそん》す。桑を採り蠶《かいこ》を養うに、毎夜墻外《しょうがい》より桑の葉、或いは菜蔬を投げる者あり、前後六年虚日無し、後始めて嚮《さき》に賑救《しんきゅう》を蒙《こうむ》りたる者の為《な》す所と知るなり。己未、譴責《けんせき》始めて解《と》かる。元治甲子、命を奉じて京都千本通蛤《はまぐり》門の変を守り、厳しくこれが守備を為し、頭並に擢《ぬき》んぜられて職俸百石、割場奉行を兼ぬ。幕府の長門《ながと》を征《う》つに迨《およ》び、君は輜重兵《しちょうへい》を率《ひき》いて安芸《あき》に従赴し、事平らぎて帰藩す。明年、作事所主務に転ず、時に幕政衰萎し、国家多事、君、※搶攘《そうじょう》の機を察し、屢《しばしば》、建議する所あり。明治戊辰、伏見の変、君適《たまたま》、京師に在り。参政前田孝錫《たかてる》、君をして変を金沢へ馳せ報ぜしむ。小松に抵《いた》り、執政村井長在《ながあきら》、兵数千を率い幕府を佐《たす》け、

〔吏胥〕小役人。
〔黜陟〕功績の無い者を辞めさせ、功の有る者を登用する。
〔譴〕つみ。
〔褫職〕職を奪う。
〔貶損〕けなす。
〔搶攘〕乱れるさま。

越後榊原侯亦た兵を統《す》べて此に次ぎ、将《まさ》に我藩と共に進まんとし、勢い頗る熾盛《しせい》、君大いに驚き、藩士に※無状を謂う。一たび是に至りては、即ち、長在に見《まみ》え勤王の大義を説《と》き、其の兵を還すことを勧《すす》む。長在曰く、我れ命を奉じて発す。豈《あ》に擅《ほしいまま》に違《たご》うべきや、君曰く、然らば則ち姑《しばら》く兵を按《おさ》えて進まず、以て再命の至るを待つべし、長在曰く、諾。君帰りて藩公父子に具《つぶさ》に使命を陳《の》べ、且つ二事を請いて曰く、老公急ぎて※入覲《にゅうきん》すべし、曰く、急ぎて兵を還《かえ》すべし、二公嘉納す。佐幕党は君の為す所を怒り、将《まさ》に帰路にして刺さんとす。事は甚だ急なり。余、君に詣《おく》りて曰く、国事の密議すべき有れば、請う、急ぎ退きて余の家に※扺《いた》り、余の帰るを待ちて、君乃《すなわ》ち出でよ。刺客は果せるかな殿中を捜索して得ず、転じて君が家に赴くも亦た得ず、事竟《つい》に寝《や》む。既にして長在藩に還り、老公は京都に朝し、皆君の請う所の如し。一藩の方向遂《つい》に定まる。君与《あずか》りて力あり。組頭並に累遷し、職俸二百石。三月、官軍越後を征《う》つ。吾が藩兵焉《これ》に従い、君、監軍と為る。七月、越後府知事四

〔無状〕無礼。

〔入覲〕入朝して天子に会見する。

〔扺〕「抵」に同じ。

條公の辟《めし》に応じ、府民政局に出仕し、徴士、越後府権判事に擢《ぬき》んぜらる。病を以て辞し去り、八月※致仕す。男安太郎家を継ぎ、養老俸百五拾石を賜わる。特に病間作事所視事に詣《つ》くを命ぜらるも、君之を辞す。室三善氏を攜《たずさ》えて東京に往き、戊寅七月八日を以て明清の家に於いて卒《しゅっ》す。享年七十有一。三善氏は八月二十二日※世に即く。四谷の里多宝山成願寺※塋域《えいいき》に合葬す。君は人と為《なり》り真率、事を解せざる若くして内実は智慧あり。常に国家の※休戚《きゅうせき》を以て己が任と為す。一藩の俊秀を※誘掖《ゆうえき》し、士気を奮い国力を養い、大勢の将《まさ》に変ぜんとするを慮《おもんぱか》って、豫《あらかじ》め之《これ》が為に備う。君、壮歳にして病に由り失声、毎《つね》に呵気して語り、口角沫《あわ》を飛ばす。嘗《か》って執政某に詣《いた》り、※有司の得失を指摘、政事の良否を風刺し議論百出、その蘊蓄《うんちく》する所測《はか》る可《べ》からず。是《これ》を以《もっ》て権人懼《おそ》れ且《か》つ忌む。百方これを構えるも、君少しも意に介せず、其の※倜儻《てきとう》※豁達《かったつ》なること概ね此の類なり。肥後の横井平四郎（小楠）、君の名を聞き来り訪じて曰く、吾れ北陸に於いて一知己《ちき》を得たりと。信州の佐

〔致仕〕辞職する。
〔即世〕世を去る。
〔塋域〕墓地。
〔休戚〕喜びと憂い。
〔誘掖〕わきから導き助ける。
〔有司〕役人。
〔倜儻〕才能や力量が衆人にかけ離れて優れている。
〔豁達〕度量が大きいさま。太っ腹。

久間修理（象山）、亦た君と親善し其の京師に在るや君を旅寓に訪ね、帰路害に遇《あ》えりと云う。其の他、※訂交する所、皆当世の豪傑なり。君、男女各四あり。長の安太郎は辛未の歳を以て先歿す。次の明清は農商務少書記官と為《な》る。次の右門、次の余所男は鏑木某養いて嗣《し》と為す。長女は三善某に適《とつ》ぎ先に歿す。次は吉田某に適ぎ、次は矢島某に適ぎ、次は鈴木某に適ぐ。皆三善氏の出なり。三善氏は人と為り※清婉※幽淑、婦徳全て備わり、家を治むるに法あり。善く子女を教育し、※器識《きしき》丈夫に過ぐ、而して未だ嘗って与《とも》に外事を言わず、※家道《かどう》屢〻《しばしば》空なるも、※怡〻《いい》として※戚《せき》容《よう》なく、其の家難に遭うに当たりては、則ち粛然として唯謹《つつし》むのみ。於戯、余君の誘掖《ゆうえき》を受くること殆ど三十年、君の事蹟に於いては不※稔と為さざるも、然《しか》るに※学殖※菲薄、生前の※請託に副う能わず。哀しい哉。銘に曰う。

於戯、斯《こ》の翁。才は※不出世。見事なり※敢為。屢〻※羈《き》畢《ちゅう》に困しむ。言貌は従容《しょうよう》たり。※行なうも藏る〻も則ち一なり。民は其の恵みを受く。偉蹟没せず。多宝の山。

〔訂交〕交わりを結ぶ。

〔清婉〕うるわしい。
〔幽淑〕もの静かでしとやかで美しい。

〔器識〕度量と見識。
〔家道〕家計。
〔怡〻〕喜び楽しむさま。
〔戚容〕思いわずらう様子。

〔稔〕詳しく知る。
〔学殖〕学問を積んで蓄えられた知識・能力。
〔菲薄〕才能が劣る。
〔請託〕私事について頼みこむ、また、その頼みごと。
〔不世出〕世に稀な。
〔敢為〕思い切ってことを行う。
〔羈畢〕つなぎとめる。
〔行藏〕出処進退。
〔窀穸〕墓に埋葬する。

※窀穸《ちゅんせき》は吉を卜《ぼく》す。永く此に安んぜよ。雲は深く樹は密なり。

明治十七年五月　　従三位侯爵前田利嗣公篆額　　安井顯《あき》

比《ちか》撰文　江間真書　　広群鶴刻

〈大意〉

関沢遯翁《とんおう》が曾て私に言うに「君は自分より二十歳近くも若い。故に私が死んだ後に私の墓碑銘を書いてくれる者は君しかいない」と。私は戯言《ぎげん》と思っていたが、此の程子息の明清《あけきよ》君が来て、父の遺言だから碑文を書いて呉れとの依頼を受けた。辞退する訳にもいかずお引受した次第。

君は名は房清《ふさきよ》、退隠して遯翁と称した。加賀の人で代々加賀藩に仕えた。君は父仙左衛門の禄を襲いで馬廻組に所属した。本吉湊の裁許の職にある時、恰《あたか》も天保七、八年と飢饉が続いて藩民は飢えに苦しんだので、君は私財を投じて醵金《きょきん》を募ったり甘藷《かんしょ》を栽培したり色々と賑恤《しんじゅつ》の策をすすめたが、充分に意見が聴かれず本吉湊裁許を辞した。弘化四年に割場奉行となり旧弊を革《あらた》め、嘉永四年馬奉行を兼ねたが、役人の登用罷免、昇任降格などを厳正に行い、役所の冗費節約などにも務めたので、厩務も大いに改まった。嘉永六年、小松馬廻番頭に任ぜられ小松町奉行を兼ねたが、ここでも務めて柔惰の風を除き、物産を興こし厳正に事に処した結果権人の中傷を受けて職を退いた。門を閉ざして自らを貶《おとし》めて蟄居《ちっきょ》した。生計を維持する為、蠶《かいこ》を飼ったが、毎夜門外より桑の葉や蔬菜《そさい》などを投入する者があり、前後六年間にも亘《わた》ってこの様な事が続いたが、後に以前飢饉の折に助けを受けた住民の善意であることが判明した。

安政六年に譴責《けんせき》が解かれ、元治元年命を受けて京都蛤御門の変に処しこれが守備に当たり頭並に抜擢された。幕府の長州征伐に君は輜重兵《しちょうへい》を率いて安藝に赴き、事平らぎて帰藩した。明治元年伏見の変の時、君は偶々《たまたま》京師に在り、参政前田孝錫《たかてる》の指示により変を金沢に馳せ報じた。小松迄来た時、執政村井長在《ながあきら》が兵数千を率いて幕府を佐《たす》けんとするに遭遇、君は大いに驚きて、長在に見《まみ》えて勤皇の大義を説き出兵を思い止めようとした。長在は藩命を奉じて行動している故、藩命を違えることは出来ぬと言う。君は再命を待つべしと言い置き急ぎ帰りて藩公父子に具《つぶさ》に使命を申し述べて老公の入覲《にゅうきん》（入朝して天子に会見すること）と兵の帰還の承諾を得ることが出来て事は治まった。ところが一方佐幕党は君の行為に憤慨し君を亡きものにしようと帰沢を待ち受けたので、事態を察した私安井顕比《あきちか》は一時彼を我が家に匿《かくま》って難を逃れることが出来た。斯《か》くして藩の処すべき方向が定まったが、これ一に君の力によるところ大である。後、組頭に累進、職俸二百石を受けた。三月に官軍が越後長岡藩を征つに及び、加賀藩も之に従い君は監軍となった。七月越後府知事四條公の辟《めし》に応じ府民政局に出仕、越後府権判事に抜擢されたが病を得て辞した。君は夫人を伴って東京の明清の家に身を寄せたが、明治十一年七月八日に卒した。享年七十一。夫人も八月二十二日に亡くなり、四谷の成願寺塋域（墓地）に合葬された。

君は人と為り真率、常に国益を念頭に事に処した。君は壮年時病により失声ずるも常に呵気して役人の得失を指摘、政事の良否を風刺して権人より懼《おそ》れ且《か》つ嫌われたが、君は少しもひるまず己の信念を貫いた。君の人柄を慕って全国から著名の士が来り訪ね交遊を求めたことも特筆に価する。

君は男女各四人の子あり、長男は早逝したが、次男の明清は農商務少書記官と為った。三男四男共に出でて他家を嗣いだ。女子も夫々に長じて他家に嫁した。夫人の三善氏は人と為りもの静かで美しく婦徳全て備わり、善く子女を教育し、その度量と見識は男子を凌ぐ程で、家計の困難な時も怡々《いい》として対処し、家難に遭遇しても粛然として家を守った。

私は君の教導を受けること三十年に垂《なんな》んとし君の事績についてよく知悉《ちしつ》してはいるものの、浅学菲《せんがくひ》才《さい》で、君の生前の請託に充分に副《そ》うことが出来ず眞に残念だが、ここに銘文を記して責を果たす次第である。

㊿⑦松平大貳《だいに》碑

（碑の紹介は111ページ）

贈従四位大弐松平君碑

侯爵前田利爲篆額

君諱康正通稱大貳松平和康第七子宗家康職歿而無子君入而嗣焉襲祿四千石班人持組經數職爲家老當是時幕政不振外患日迫長藩唱義爲幕府所忌免　禁門警衛天下騷然藩侯命君上京事體重大君感奮上途實元治元年正月也迨其入京盡力斡旋期明尊王大義既而世子代侯上京會長藩致書請救世子亦嘗寃之乃致書閣老請解其罪君與同僚山﨑範正奉命詣二條關白一橋中納言松平肥後守稻葉美濃守百方辨疏遂不聽七月十九日長藩三老臣揚言清君側率兵追　禁闕先是長藩密請曰戰鬪俄起闕下騷擾或至移　乘輿江州海津貴藩之所有願出兵護　乘輿于此世子諾之是日率衆出屯大津既而三老臣戰敗事悉齟齬世子去至海津於是一藩驚駭用事者恐觸幕譴遂使世子謹愼歸藩世子以八月十一日發海津君慨然以謂身在輔導之任事至于此死而有餘罪矣乃請隔一驛而從焉許既而駕過君旅舍前君正服出而送之槍光馬影瞻望不及乃退入旅館召家臣

志賀昌景佐川久連託後事二人乞殉不聽遂從容自盡距生文政六年享年四十二荼毘于海津正行院歸葬于野田山先塋之次藩侯嘉其忠節加賜禄七百石使支族康乂長子康蕃嗣家妻以其女明治三十一年　朝庭追褒其功特贈從四位前田侯亦配祀其神主于家廟毎年賜金若干于其遺族君性淳厚沉毅臨事自若自盡前一夕召弟康乂酌酒談笑不異平生絶無一言及此事嗚乎亦足以知其爲人矣銘曰

巍々大節　赫々偉功　千歳之下　想望其風

勲六等横山隆興撰　　廣岡有久書

大正六年八月

金澤　島尾鐵宗鐫

〈訓読文〉

君、諱は康正《やすまさ》、通称は大貳《だいに》、松平和康の第七子、宗家康職《やすもと》歿して子無く、君入りて嗣ぐ。禄四千石を襲い、人持組《ひともちぐみ》に班《つらな》る、数職を経て家老と為る。當に是の時、幕政不振、外患日に迫る。※長藩義を唱え、幕府の忌む所と為り、※禁門警衛を免ぜらる。天下騒然、※藩侯君に上京を命ず、事體重大、君感奮して途に上る、実に※元治元年の正月なり。其の京に入るに迨《およ》び、盡力斡旋、尊王の大義を明らかにせんを期す。既にして※世子侯に代わり京に上る、會々《たまたま》長藩書を致し救いを世子に請う、亦た嘗つて之を寃《えん》とし乃ち書を閣老に致し其の罪を解かんことを請う、君、同僚の山崎範正と与《とも》に命を奉じ、二條関白・一橋中納言・松平肥後守・稲葉美濃守に詣《いた》り、百方※辨疏《べんそ》するも遂に聴《ゆる》されず、※七月十九日、長藩の三老臣、言を揚げて※君側《くんそく》を清めんと兵を率《ひき》いて※禁闕《きんけつ》に迫る、是に先んじ長藩密《ひそ》かに請いて曰く「戰闘俄《にわ》かに起り※闕下《けっか》騒擾《そうじょう》、或いは※乘輿《じょうよ》を江州海津の貴藩之所有に移すに至らん、願わくは兵を出して乘輿

〈注釈〉

〔長藩〕長州藩。

〔禁門〕宮中の門。

〔藩侯〕ここでは第十四代前田斉泰。

〔元治元年〕一八六四年。

〔世子〕天子・諸侯の直系の男子。ここでは前田慶寧を指す。

〔辨疏〕言いひらきをする。

〔七月十九日〕禁門の変（蛤御門の変）の起きた日。元治元年七月十九日、長藩家老福原越後等の諸隊は、藩主毛利慶親父子の冤罪を訴え、京都守護職の会津藩主松平容保《たかもり》等を除かんと京都に迫り、禁闕蛤御門外に於いて、会津、桑名、薩摩等の兵と衝突し敗走した。

を此に護らんことを」と。世子、之を諾《うべな》う。是の日、衆を率い出でて大津に屯《たむろ》す、既にして三老臣戦い敗れ、事悉《ことごと》く※齟齬《そご》す、世子去《ゆ》きて海津に至る、是に於て一藩 驚《きょう》駭《がい》、事を用いる者、※幕譴《ばくけん》に觸れるを恐れ、遂に世子をして謹慎歸藩せ使《し》む。世子は八月十一日を以て海津を發す。君、慨然として以て謂《おも》へらく、身、輔導の任に在り、事、此に至れるは死して餘り有る罪なりと、乃ち一驛を隔てて焉《これ》に從うを請う、許されて既に駕、君の旅舍の前を過ぐ。君、服を正して出でて之を送る、※槍光馬影《そうこうばえい》、※瞻望《せんぼう》するも及ばず、乃ち退きて旅館に入り、家臣の志賀昌景・佐川久連を召し、後事を二人に託す。殉《じゅん》を乞うも聽《ゆる》さず、遂に從容《しょうよう》として自盡《じじん》す。生まれ文政六年を距《へだ》て享年四十二。海津の正行院に※荼毘《だび》し、歸りて野田山の※先塋《せんえい》之次に葬る。藩侯其の忠節を嘉《よ》みし、禄七百石を加賜し、支族の康父《やすはる》の長子康蕃をして家を嗣《つ》が使《し》め、妻《めあわ》すに其の女《むすめ》を以てす。明治三十一年朝庭は其の功を追褒《ついほう》し特に從四位を贈らる。前田侯も亦其の※神主《しんしゅ》を家廟に配祀《はいし》し、毎年金若干を其の遺族

〔君側〕君主の側近。
〔禁闕〕宮廷。
〔闕下〕王宮の門のもと。
〔乘輿〕天子の乗る車。
〔齟齬〕物事が食い違う。
〔幕譴〕幕府のとがめ。
〔槍光馬影〕ここでは前田慶寧一行の隊列の形容。
〔瞻望〕遠望。
〔荼毘〕火葬。
〔先塋〕先祖の墓。
〔神主〕位牌。

に賜う。君、性※淳厚沉毅《じゅんこうちんき》、事に臨みて自若《じじゃく》、自盡の前一夕、弟康乂を召し、酒を酌《く》み談笑するも平生と異ならず、絶えて一言も此の事に及ぶ無し、嗚呼、亦以て其の為人《ひととなり》を知るに足れり。銘に曰く

※巍々たる大節　赫々たる偉功　千歳の下　想望す其の風

勲六等横山隆興撰し　廣岡有久書く

大正六年八月　金澤島尾鐵宗鐫《え》る

〔淳厚沉毅〕飾り気がなく真面目で、落ち着いて意志が硬いさま。

〔巍々〕高く偉大なさま。

〈大意〉

松平康正《やすまさ》通称大貳《だいに》は松平和康の第七子で、宗家に嗣子が無かったので、大貳が入籍して家禄四千石を襲いだ。人持組に属し教職を経て家老と為った。時に、幕政不振、外患も逼迫《ひっぱく》、長州藩は佐幕派に対抗して勤皇の大義を唱えた為、幕府より忌避されて禁門警衛を免ぜられた。天下は騒然となり藩侯は急遽大貳に上京を命じ非常に備えさせた。元治元年正月の事である。大貳は京に入り尽力斡旋、尊王の大義を明らかにせんと期した。既に世子の前田慶寧《よしやす》が藩侯に代わり京に上がっていたが、會々《たまたま》、

長州藩は救いを世子に請うたので、大貳は同僚の山崎範正と共に命を奉じて二條関白・一橋中納言等に詣り、長州藩主毛利慶親《よしちか》父子の冤罪を訴え百方弁護したが聴許されなかった。七月十九日、業を煮やした長州藩の三老臣は京都守護職等君側《くんそく》の奸《かん》を除かんと兵を率いて禁闕《きんけつ》に迫った。所謂蛤《はまぐり》御門《ごもん》の変である。これに先んじて長州藩は密かに世子に「万一の場合天子の車を江州海津の加賀藩領内に移すので、兵を出して天子の車を護衛願い度《た》し」と頼み、慶寧は之を了承していた。この日、慶寧は約を守り兵を率いて大津に駐屯していたが、長州は戦いに敗れ、事態は悉《ことごと》く齟齬《そご》を来すこととなった。これによって藩内は大混乱を来たし、幕府の譴責《けんせき》を恐れて急遽慶寧を謹慎帰藩させることとし、慶寧は八月十一日海津を発って帰藩した。大貳は事態を重視し、事此処《ここ》に至れるは輔弼《ほひつ》の任にある己の責任、まさに死を以てこれを償わんと大貳帰藩の隊列を見送った後自尽した。享年四十二。海津の正行院で荼毘《だび》に付し野田山先塋（先祖の墓）の次に葬られた。藩侯は其の忠節を嘉《よみ》し禄七百石を加増、朝廷も其の功を賞し特に従四位を贈られた。

㊺天保義民之碑

（碑の紹介は124ページ）

天保義民之碑

従二位勲一等伯爵　勝安房題表

天保中加賀石川郡有義民十五人其子孫到今爲村民所敬云天保六年田野荒蕪五穀不登明年亦然越九年大有蝗蟲乃害農乃絶望於西成當是時以秋分使町村名主約納税爲藩制然名主等以年凶不肯約之懇願巡検八月二十六日改作奉行名古屋彦右衛門率胥吏按行纔抵下安江西念新保南新保三村之一部即捕其名主十有五人斷結髪毆撃蹴倒暴厲無所不至以威嚇他十八村名主迫使作納税書明日遂下十五人於獄名主有二種曰肝煎曰組合頭下安江肝煎曰十兵衛其組合頭曰吉右衛門曰長右衛門曰權之丞西念新保肝煎曰間平其組合頭曰勘右衛門曰又右衛門曰安右衛門曰又四郎南新保村肝煎曰伊右衛門其組合頭曰九郎右衛門曰善四郎曰佐兵衛曰孫兵衛曰與三右衛門此十五人之下獄也酷法拷訊極其苦楚孫權長安勘五人遂死於囹圄十一月晦日出餘囚使郷人管之明年二月郡奉行更命収十五人土地一千二十七石餘封鎖其家財放其家族一百十三人於越中礪波郡之三村其被淩辱無復伸冤枉之道謫居九年死者十有六人已而遭赦歸

郷則無有家屋田園然郷黨大徳其義擧爭赴其急僅免飢餓十有五年之後始復舊時藩廳亦解放其所没之地云先是天保十一年正月名古屋彦左衛門等既見黜斥改作之署大有所釐革蓋由下民之情已上達也今茲郷人相議將建一大記念碑以傳諸後世寄状請銘於余其志之篤可知也因敘其梗概係以銘銘曰

　汚吏行私　乃見義民　心在拯溺　殺身成仁　至誠所感　天定勝人
　纔有宗吾　亦是同倫　況此清世　冤枉皆伸　名聲赫赫　長勒貞珉

明治三十年十二月
文學博士　南條文雄撰
賜硯堂成瀬　温書

〈訓読文〉

天保中、加賀石川郡ニ義民十五人アリ。其ノ子孫今ニ到ルモ村民ノ敬ウ所ト爲ルト云ウ。天保六年、田野※荒蕪《コウブ》シ※五穀登《ミノ》ラズ、明年モ亦然リ、越エテ九年、大イニ蝗蟲《コウチュウ》ノ害アリ、農乃《スナワ》チ※西成《セイセイ》ニ絶望ス。當ニ是ノ時、秋分ヲ以テ町村名主ヲシテ納税ヲ約セシムルヲ藩制ト爲ス。然ルニ名主等年凶ヲ以テ約ヲ肯《ガエン》ゼズ、之《ユ》キテ巡検ヲ懇願ス。八

〈注釈〉

〔荒蕪〕荒れ果てて雑草が生い茂っていること。

〔五穀不登〕穀物が成熟しない。五穀は、米・麦・粟・黍・豆の五種。

〔西成〕秋に農作物が成熟し、農作業がすべて順調に終わること。西は四季で秋を指す。

月二十六日※改作奉行名古屋彦右衛門※胥吏《ショリ》ヲ率イテ按行、纔《ワズカ》ニ下安江西念新保南新保三村ノ一部ニ抵リ、即チ其ノ名主十有五人ヲ捕ヘ、結髪ヲ斷チ毆撃蹴倒《オウゲキシュウトウ》※暴厲《ボウレイ》至ラザル所ナシ、以テ他ノ十八村名主ヲ威嚇シ、迫リテ納税書ヲ作ラシメ、明日遂ニ十五人ヲ獄ニ下ス。名主ニ二種アリ。曰ク肝煎、曰ク組合頭。下安江肝煎ヲ十兵衛ト曰ウ、其ノ組合頭ヲ吉右衛門ト曰イ、長右衛門ト曰イ、權之丞ト曰ウ。西念新保肝煎ヲ間平ト曰イ、其ノ組合頭ヲ勘右衛門ト曰イ、又右衛門ト曰イ、安右衛門ト曰イ、又四郎ト曰ウ。南新保村肝煎ヲ伊右衛門ト曰イ、其ノ組合頭ヲ九郎右衛門ト曰イ、善四郎ト曰イ、佐兵衛ト曰イ、孫兵衛ト曰イ、與三右衛門ト曰ウ。此ノ十五人ノ下獄ナリ。※酷法拷訊《コクホウゴウジン》、其ノ※苦楚《クソ》ヲ極メ、孫權長安勘ノ五人遂ニ※囹圄《レイゴ》ニ死ス。十一月晦日餘囚ヲ出ダシ、郷人ヲシテ之ヲ管セ使ム。明年二月郡奉行更ニ命ジテ十五人ノ土地一千二十七石餘ヲ収メ、其ノ家財ヲ封鎖シ、其ノ家族一百十三人ヲ越中礪波郡ノ三村ニ放ツ。其ノ凌辱ヲ被リ、復タ※冤枉《エンオウ》ヲ※伸ブルノ道ナク、※讁居《タクキョ》九

〔改作《かいさく》〕加賀藩が実施した農政改革
〔胥吏〕小役人。下級の役人。
〔暴厲〕残酷凶悪なこと。
〔酷法拷訊《こくほうごうじん》〕厳しい方法で肉体的苦痛を与えて自白を強いること。
〔苦楚〕苦痛。
〔囹圄〕監獄。
〔冤枉〕無実の罪。
〔伸〕無実を晴らす。

年、死セル者十有六人ナリ。已ニシテ赦ニ遭イ歸郷スルモ則チ家屋田園ノ有ルコトナシ。然ルニ郷黨大イニ其ノ義擧ヲ徳トシ、爭イテ其ノ急ニ赴キ僅カニ飢餓ヲ免カル。十有五年ノ後始メテ舊時ニ復シ、藩廳モ亦其ノ没セシ所ノ地ヲ解放セリト云ウ。先ニハ是レ天保十一年正月、名古屋彦左衛門等既ニ※黜斥《チュッセキ》セラレ、改作ノ署大イニ※釐革《リカク》スル所アリ、蓋シ下民由リノ情已ニ上達セルナリ。今茲、郷人相イ議《ハカ》リ、將ニ一大記念碑ヲ建テ以テ諸《コレ》ヲ後世ニ傳ヘントシ、状ヲ寄セ銘ヲ余ニ請ウ、其ノ志ノ篤キコト知ル可キナリ。因ッテ其ノ梗概《コウガイ》ヲ敘シ、係《ツナ》グニ銘ヲ以テス。銘ニ曰ク。

汚吏私《ヨコシマ》ヲ行イ、乃チ義民見《アラワ》ル。心ハ※拯溺《ジョウデキ》ニ在リ、身ヲ殺シテ仁ヲ成ス。至誠感ズル所、※天定《テンテイ》ハ人ニ勝ル。纔《ワズカ》ニ※宗吾アリ、亦タ是レ倫ヲ同ジウス。況ンヤ此ノ清世、冤枉皆伸ブ。名聲赫赫トシテ、長ク※貞珉《テイミン》ニ勒《ロク》ス。

明治三十年十二月

文學博士　南條文雄《ナンジョウブンユウ》撰シ

賜硯堂成瀬　温書ス

〔謫居〕罪によって遠方に流されていること。

〔黜斥〕退けて用いない。

〔釐革〕改革。

〔拯溺〕水に溺れている人を救う。

〔天定〕人の吉凶・禍福・貴賤などは、皆天命によって定まる意。

〔宗吾〕所謂〝佐倉宗吾〟下総国印旛郡公津村名主。領主の悪税に悩む村民のために総代となり、江戸に出て将軍に直訴、捕えられ、妻子と共にはりつけにされたという。

〔貞珉〕石刻碑銘の美称。

〔南條文雄〕真宗大谷派の学僧。梵語学の権威。号は碩果・美濃生れ、福井南條郡憶念寺を嗣ぐ。渡英しオックスフォード大でミュラーについて梵文佛典を研究。大谷大学学長。梵語・佛典に関する著書が多い。北方心泉と親交があった。（一八四九～一九二七）

〈協力〉

石川漢字友の会（事務局長　宮前外彌旺）

徳田寿秋（前石川県立歴史博物館長）

〈主な参考文献〉

『卯辰山碑マップ』金沢市

『卯辰山と浅野川』平澤一著

『加能郷土辞彙』日置謙編・北國新聞社

『書府太郎　石川県大百科事典改訂版』北國新聞社

『ふるさと人物伝』北國新聞社

『金沢市史　通史編2　近世』金沢市

『前田慶寧と幕末維新』徳田寿秋著・北國新聞社

三田　良信　みた　よしのぶ

1922年金沢市生まれ。在上海、東亜同文書院大学卒。学徒動員により中国で通信隊に入隊。47年に復員し、石川県の民間会社に勤務。74年、北陸学院理事（総務部長）に就任。在任中に金大で10年間、北陸大で12年間、非常勤講師として中国語を教える。89年北陸学院を定年退職。

日本漢字能力検定1級。日本語教育研究所研究員。漢字検定受験のための講師養成講座の講師を毎年担当。石川漢字友の会顧問、北國新聞文化センター「碑文を読む」講師。著書に『金沢・常福寺歴史資料図録』（共著）、『北方心泉碑文集』（監修）、『一か八か』。金沢市在住。

石碑でめぐる金沢歴史散歩

二〇一三（平成二十五）年八月八日　第一版第一刷

監修　三田良信

発行　北國新聞社
〒九二〇－八五八八
石川県金沢市南町二番一号
電　話　〇七六（二六〇）三五八七（出版局直通）
ファクス　〇七六（二六〇）三四二三
電子メール　syuppan@hokkoku.co.jp

©Hokkoku Shimbunsya 2013,Printed in Japan
ISBN978-4-8330-1949-1

定価はカバーに表示してあります。
落丁、乱丁本は小社送料負担でお取り替えいたします。